AUX PATRIOTES

de

L'Arrondissement de Dreux,

A MES AMIS

connus et inconnus,

Temoignage de reconnaissance et de dévouement.

ALFRED SIRVEN.

LA DÉFENSE
DE DREUX

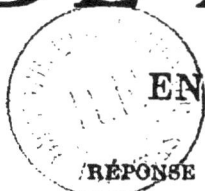

EN OCTOBRE 1870

RÉPONSE A LA COMMISSION D'ENQUÊTE
SUR LE GOUVERNEMENT DE LA DÉFENSE NATIONALE

PAR

ALFRED SIRVEN

Ancien sous-préfet de Dreux

PARIS
LIBRAIRIE ANDRÉ SAGNIER
9, RUE VIVIENNE, 9
—
1874

LA

DÉFENSE DE DREUX

QUE LE PAYS JUGE !

La sous-commission d'enquête sur le gouvernement de la Défense nationale a publié dans son volume et dans le *Journal Officiel*, un Rapport sur les événements de Dreux en octobre 1870. Ce rapport tend à réhabiliter le maire Batardon et quelques-uns de ses conseillers municipaux, arrêtés par ordre de la délégation de Tours, et flétris dans une note parue dans le *Moniteur* du 18 octobre. Cette note était ainsi conçue :

« A la suite des douloureux événements dont la ville de Dreux et ses environs ont été le théâtre, dans les journées des 9, 10 et 11 octobre, M. Batardon, maire, qui se devait à lui-même autant qu'à ses administrés et à ses devoirs envers la France, d'essayer au moins une tentative de résistance, avait été mis en état d'arrestation. Amené à Tours, il a subi une interrogation, d'où il est résulté que M. Batardon n'a été, dans ces tristes circonstances, que l'instrument à l'aide duquel des gens décidés à **tout** plutôt qu'à se **battre**, et au nombre desquels on a le regret de compter certaines autorités de la ville, ont consommé l'acte de lâcheté qui laissera une tache si malheureuse dans l'histoire de Dreux. Dans cette situation, on a pensé que M. Batardon, ancien maire officiel de l'empire, devait être abandonné, comme ses conseillers et ses complices, au verdict de l'opinion publique. Aujourd'hui il est libre. Qu'il retourne, s'il l'ose, au milieu de ses concitoyens. C'est là qu'il trouvera le châtiment que mérite un tel oubli de ses devoirs de magistrat et de Français. »

La commission cherche à établir que la municipalité de Dreux n'a pas été si opposée à la défense que le sous-préfet a bien voulu le dire ; qu'il y a eu, au contraire, accord presque constant entre M. Batardon et M. Alfred Sirven, et qu'un sentiment d'égoïsme ou de crainte n'a jamais guidé les personnages flétris par M. Gambetta.

Il est, du reste, de notre devoir, après avoir donné la note du *Moniteur* du 18 octobre 1870, de donner la note de l'*Officiel* du 29 août 1873, qui est la conclusion du rapport de M. de la Sicotière.

« Le maire de Dreux et ses collègues méritaient plus d'égards, plus de justice. N'avaient-ils pas agi au milieu des circonstances les plus délicates et les plus difficiles ? Leur conduite, leur langage n'avaient-ils pas été inspirés par le désir de sauvegarder les intérêts publics de toute nature dont ils avaient charge, et non par un vil sentiment d'égoïsme et de crainte? L'arrestation de M. Batardon et de trois de ses collègues fut un acte arbitraire et violent. En fait, elle n'était et elle n'a pas été justifiée. Elle se fit, d'ailleurs, au mépris des formalités légales, protectrices nécessaires des droits et de l'honneur des citoyens, et qu'on ne saurait violer vis-à-vis d'un seul sans les atteindre tous. La flétrissure infligée, dans le *Moniteur*, fut aussi regrettable qu'insolite. L'arbitraire d'un pareil acte aggrava celui de l'arrestation qu'il était destiné à couvrir. Sur tous ces points l'opinion de la commission ne pouvait être douteuse, et l'Assemblée nationale, dont elle s'efforce de préparer et de devancer ce jugement, s'y associera certainement. »

Telle est donc cette note réhabilitatoire que l'Assemblée , *dont la commission s'efforce de devancer le jugement*, est appelée à sanctionner, et dont les feuilles bonapartistes se sont naturellement emparées pour tomber à bras raccourcis sur le gouvernement du 4 Septembre, pour qui, Dieu merci! de tels adversaires ne sont pas à craindre.

Or, avant que l'Assemblée se réunisse, il est indispensable de mettre sous ses yeux certaines pièces rectificatives qui ont échappé à l'enquête. Il est dit, en effet, dans mon interrogatoire, par M. le président : « Quant à nous, nous n'avons pu faire assurément une enquête complète qui aurait pris des proportions énormes... » (Annexes, pag. 62), et page 51 : « Nous n'avons pas entendu de témoignages sur ce point ; ce sont des documents imprimés depuis longtemps que je vous communique. »

Il me paraît également indispensable, afin que le pays puisse juger ce débat avec complète connaissance de cause, de publier *in extenso* ma déposition devant la commission d'enquête, déposition qui, ce me semble, aurait dû paraître à l'*Officiel* à la suite du rapport.

A part quelques erreurs ou omissions des sténographes, mon interrogatoire est fidèlement reproduit.

M'abstenant de toute autre appréciation, et surtout de toute récrimination, je laisse maintenant la parole aux documents.

L'Assemblée estimera si elle doit décerner une couronne civique à des fonctionnaires publics qui, à l'approche de l'ennemi, DÉCLARENT QU'ILS NE SE DÉFENDRONT PAS, REFUSENT DES VIVRES AUX SOLDATS CAMPAGNARDS ET FONT TRANSPORTER AU LOIN LES FUSILS ET LES MUNITIONS.

Le pays jugera lequel des deux a fait son devoir, du sous-préfet qui, persuadé de la possibilité de la défense, l'a organisée, et a pendant trois jours tenu tête avec avantage à un corps prussien considérable, qui a dû se replier, ou de la municipalité qui, ayant depuis longtemps declaré en séance qu'on ne se défendrait pas, a constamment entravé la résistance et paralysé les efforts du sous-préfet.

Sous l'impression du rapport que je venais de lire dans l'*Officiel*, et ignorant que ma déposition avait paru dans le volume de l'enquête, j'ai adressé la lettre suivante à M. de la Sicotière, rapporteur de la commission :

A Monsieur le marquis de la Sicotière, membre de l'Assemblée nationale, rapporteur de la commission d'enquête sur le 4 Septembre, — à Versailles :

. Paris, 12 août 1873.

« Monsieur,'

« Dans le rapport que vous venez de publier sur les événements de Dreux, j'ai été sinon surpris, du moins peiné de voir que la plupart des témoignages invoqués pour arriver à réhabiliter, à mes dépens, l'ancien maire bonapartiste de Dreux, émanaient soit d'amis et commensaux de ce fonctionnaire, soit de gens que j'avais dû malmener, et qui naturellement m'étaient hostiles. Dans un nouveau rapport que je vais publier à mon tour et où figureront les témoignages de citoyens appartenant à cette partie de la population qui songeait moins à ses intérêts qu'à la défense du pays, je relèverai les erreurs commises dans votre réquisitoire. Laissant donc de côté, pour aujourd'hui, les mille détails qui tendent à prouver que le maire et ses conseillers ont été, à défaut de foudres de guerre, des hommes de *courage prudent*, et que loin d'avoir paralysé « la défense que j'organisais avec une grande activité » (je vous remercie, monsieur, d'avoir bien voulu reconnaître cela), ils y avaient, au contraire, participé, j'aborde le point capital de ce débat, c'est-à-dire mon départ de Dreux pour Chartres. Abandonné de tous, sans réponse précise et satisfaisante de la préfecture ni du gouvernement, je résolus d'aller moi-même mettre le préfet au courant de la situation, et l'engager à me donner enfin, avec un chef déterminé et des troupes aguerries, ce renfort d'artillerie que je demandais avec tant d'insistance depuis les trois journées de lutte, et que, paraît-il d'après le rapport, le général Fiéreck nous refusait « parce qu'il voulait au préalable que les mobiles eussent fait leurs preuves. »

Contrairement à ce qu'avance le rapport, j'avais, avant mon départ, fait télégraphier au préfet ma détermination, délivré aux commandants de mobiles les réquisitions nécessaires pour qu'ils fissent immédiatement replier leurs troupes sur Laigle, et afin qu'il n'arrivât pas malheur aux 3,000 hommes du colonel de Beaurepaire en ce moment à Anet, j'avais dépêché une estafette à cet officier pour le prévenir de la délibération du conseil municipal.

Rencontrant à mi-chemin de Chartres un délégué du préfet suivi d'un détachement des francs tireurs de la Sarthe, je lui proposai de retourner avec lui à Dreux, où les espérances qu'il apportait et son ascendant sur ses amis de la municipalité, parviendraient peut-être à changer la face des choses M. de Foudras, commandant des francs-tireurs et muni des pleins pouvoirs militaires du préfet, appuya ma proposition, que le délégué refusa. Il partit seul dans la direction de Dreux, et revint en bien moins de temps qu'il n'en aurait fallu pour se bien renseigner. « Tout est fini, nous dit-il. La municipalité parlemente à l'heure qu'il est avec l'ennemi. Nous n'avons plus qu'à rentrer à

Chartres. » M. de Foudras et d'autres témoins attestent la textualité de ces paroles que nie, bien entendu, le délégué. — Voilà la vérité.

Et maintenant, monsieur, que sur la foi de télégrammes, rapports ou mémoires ennemis, on ait essayé de dénaturer — même aux yeux du ministre — le sens de mon départ, peu importe à ma conscience.

Il est de notoriété publique, à Dreux, que j'ai fait mon devoir et que le maire et le conseil municipal n'ont pas fait le leur. — Cela me suffit.

Veuillez agréer, etc.

ALFRED SIRVEN. »

Auteur des *Journaux et Journalistes* (4 vol.), des *Prisons politiques* de L'*Homme Noir*, etc..., et des *Vieux Polissons*, satire des mœurs de l'Empire, saisie et condamnée à la requête d'un sénateur trop connu (1)

RÉPONSE DE M. DE LA SICOTIÈRE

A Monsieur Alfred Sirven :

« Monsieur,

C'est aux Eaux-Bonnes, après un long circuit, que je reçois votre lettre du 12.

J'ai l'honneur de vous en accuser réception. Je ne puis, vous le comprenez, en discuter les termes, en arrière de la commission d'enquête.

Vous ne me donnez pas votre adresse ; je ne me la

(1) S'inspirant malheureusement du mémoire du maire Batardon, le rapport a fait suivre mon nom de cette mention peu impartiale : « Auteur du livre intitulé : *Les Vieux polissons.* » J'ai cru devoir expliquer au rapporteur ce que c'était que ce livre qu'il n'aurait pas mis à ma charge, s'il l'eut connu.

rappelle qu'imparfaitement ; je regrette le retard qu'éprouvera cette lettre, en stationnant à Versailles, peut-être même n'arrivera-t-elle à destination qu'après que je serai moi-même rentré à Versailles. Excusez-moi.

Agréez, monsieur, l'assurance de ma considération distinguée.

L. DE LA SICOTIÈRE.

Eaux-Bonnes, 16 août 1873.

Permettez-moi de vous faire observer que je ne suis point marquis, et que ni moi, ni les miens n'avons jamais pris ce titre. »

NOUVELLE LETTRE DE M. DE LA SICOTIÈRE

« Monsieur,

On m'envoie votre adresse, et j'en profite pour vous passer un exemplaire de mon Rapport, avec les pièces justificatives que l'*Officiel* n'a pas données, et dont il me paraît de toute loyauté et de toute convenance que vous ayez communication.

Croyez, je vous prie, à mes sentiments distingués.

L. DE LA SICOTIÈRE.

Eaux-Bonnes, le 21 août, Hôtel de la Poste.

A Monsieur de la Sicotière, rapporteur de la commission d'enquête sur le 4 Septembre :

Paris, 27 août 1873.

Monsieur,

J'ai reçu hier seulement le rapport et les notes jus-

tificatives que m'annonce votre honorée du 21 courant. Je vous en remercie.

Je vous remercie également de trouver qu'il est de
toute loyauté et de toute convenance de me communiquer ces pièces, tout en regrettant qu'elles n'aient pas
paru à l'*Officiel*, à la suite de votre réquisitoire. Il est
évident que pour les lecteurs de la dite feuille, je suis
à peu près dans la situation du prévenu qu'on con-
damne *coram populo* après l'avoir questionné à huis-
clos. Je vais essayer de réparer ce fâcheux oubli en
publiant ma déposition et les lettres additionnelles que
j'ai eu l'honneur de vous adresser. Et pour relever
les erreurs commises par la commission, j'invoque-
rai le souvenir de notables personnes de Dreux, dont
je suis peiné de ne pas voir les témoignages dans le
dossier de l'enquête. Ainsi : le capitaine de gendarmerie, commandant de place, qui, à plusieurs reprises a manifesté ouvertement sa colère en voyant les
entraves que le maire Batardon et son conseil ne ces-
saient d'apporter à la défense, n'a pas été interrogé ;
— le commissaire de police, un brave qui, jusqu'au
dernier moment, s'est ingénié a paralyser les efforts
anti-belliqueux du même maire Batardon, n'a pas été
entendu par vous ; — M. Herlin, un honorable avoué
de la ville et le seul membre républicain du conseil
municipal d'alors, arrêté sur les ordres du même
Batardon pour avoir osé faire un appel aux armes, ne
s'est pas non plus présenté à votre barre ; ni M. Pujos,
juge d'instruction, qui, pour me seconder dans l'organisation de la défense, n'a pas craint de se séparer
des autres autorités trop prudentes, et d'équiper à ses
frais la 1re compagnie des francs tireurs de Dreux ; ni
M. Legoux, aujourd'hui membre du conseil général,
un autre républicain, qui m'a constamment aidé

1.

avec un zèle et un dévouement dignes d'être signalés ;
ni M. Vramant, architecte, qui s'est vu refuser par le
même Batardon l'autorisation de former, à ses frais,
un corps d'éclaireurs à cheval ; ni M. de Maubeuge,
capitaine de la 3e compagnie des francs tireurs, dont
j'ai été obligé de faire nourrir les hommes et de les
faire habiller au moyen d'une souscription à laquelle
la municipalité, non-seulement n'a pas participé,
mais qu'elle a fait à peu près avorter ; ni M. Laval,
capitaine de la 1re compagnie ; ni M. Mougin, capitaine
instructeur ; ni tant d'autres qu'il serait trop long de
citer ici, et que la commission aurait pu utilement
consulter, au lieu de s'en rapporter trop souvent et
avec une certaine complaisance au mémoire plus que
partial, passionné et grossier, du maire Batardon, ainsi
qu'à des libelles publiés, paraît-il, contre moi par
des gens intéressés à réhabiliter leur ami et amphi-
tryon, le maire bonapartiste de Dreux.

Je vous réitère, monsieur, mes remerciements, et je
vous prie d'agréer l'assurance de mes sentiments distingués.

ALFRED SIRVEN.

COMMISSION D'ENQUÊTE SUR LE GOUVERNEMENT DE LA DÉFENSE NATIONALE

—

ANNEXES

I

PRÉSIDENCE DE M. DE LA SICOTIÈRE (1)

M. LE PRÉSIDENT. M. Sirven, vous avez désiré être entendu par la Commission, elle est prête à vous écouter. Voulez-vous que nous procédions par questions ou aimez-vous mieux faire vous-même votre déposition sur les faits qui se sont passés à Dreux ?

M. ALFRED SIRVEN. Je n'ai pas d'autre façon de penser que celle que j'ai exprimée dans le Rapport que j'ai fait imprimer moi-même. Le voilà complet, je vous serai même obligé de le prendre. (M. Sirven remet plusieurs exemplaires d'une petite brochure, à M. le Président.)

(1) La sous-commission devant laquelle j'ai déposé se composait de M. de La Sicotière. député de l'Orne, président, M. le comte de Boisboissel et M, Boreau-Lajanadie. Les à-parté de ces Messieurs m'ont laissé entrevoir que le maire de Dreux et ses collègues n'étaient pas pour eux des étrangers.

(Note de l'auteur.)

Je n'ai pas autre chose à ajouter : c'est un récit concis des événements, et je serais obligé de le lire.

M. LE COMTE DE BOISBOISSEL. Vous pourriez nous en donner une analyse, et si mes collègues et moi pensions avoir quelques objections à faire, vous voudriez bien répondre.

M. ALFRED SIRVEN. Je ferai comme vous le désirez.

Messieurs, je me trouvais envoyé comme sous-préfet à Dreux, c'est-à-dire dans une ville où je ne connaissais absolument personne.

M. LE COMTE DE BOISBOISSEL. A quelle date êtes-vous arrivé ?

M. ALFRED SIRVEN. Je suis arrivé le 17 septembre.

Comme je vous le disais, ne connaissant personne, les communications étant interceptées, je ne pouvais avoir de lettres de recommandations et je fus obligé d'avoir recours à toutes les bonnes volontés. Cependant, dès les premiers jours, je me trouvai en guerre avec le Maire et la Municipalité. J'étais arrivé pour organiser la défense, si elle était possible. APRÈS AVOIR RÉUNI DES GENS COMPÉTENTS ET CONSTATÉ PERSONNELLEMENT QU'ELLE ÉTAIT POSSIBLE, JE ME MIS EN DEVOIR DE REMPLIR MA MISSION. DÈS LE PREMIER JOUR, LE MAIRE, DANS SON CONSEIL, DÉCLARAIT QUE LA DÉFENSE ÉTAIT IMPOSSIBLE, QUE LES ARMES ET LES MUNITIONS SERAIENT ENVOYÉES AU LOIN, ET QU'IL N'OBÉIRAIT PAS A MES ORDRES, NE ME RECONNAISSANT PAS PLUS COMME SOUS-PRÉFET QUE LE GOUVERNEMENT QUI M'AVAIT NOMMÉ. ÉVIDEMMENT JE NE ME TROUVAIS PAS LA AVEC DES AMIS.

(1) Dans le plan de défense que j'ai fait dès mon arrivée à Dreux et que le Préfet d'Eure-et-Loir a fort approuvé ainsi que le Gouvernement de Tours, je démontre clairement que Dreux est défendable avec 2 ou 3,000 hommes échelonnés sur la ligne de l'Eure et protégés, il est vrai, par une ou deux batteries. La

M. le Président. Avez-vous la preuve de cette déclaration?

M. Alfred Sirven. Parfaitement! Elle est au dossier des délibérations du Conseil municipal.

Je continuai à organiser la défense sans compter sur la Municipalité, et moi aussi je me mis en guerre ouverte. Je fis distribuer des armes, je fis une proclamation appelant à moi tous les partis, disant qu'ils devaient se neutraliser devant un seul objectif, la défense du pays; qu'il fallait remplir son devoir de Français autant que possible.

Je fis distribuer les armes que le Maire refusait, je fis distribuer des cartouches.

L'ennemi était à deux pas, et il ne voulait pas qu'on distribuât de poudre pour le tir à la cible, sous prétexte que cela pourrait provoquer le combat.

Le Maire n'a pas rempli son devoir, j'ai fait le mien autant que possible; j'ai réuni les chefs de la garde nationale, je leur ai dit qu'il fallait préparer tous les hommes à se défendre, si l'ennemi arrivait, ajoutant que s'il venait en force, nous n'aurions rien à faire, mais que s'il venait en petit nombre, notre devoir était de résister.

L'ennemi arrive en effet à 4 ou 5 kilomètres; seulement il détache un corps de cavalerie composé de 30 hussards bleus qui arrivent tout près de la Sous-Préfecture, alors que le commandant de la garde nationale m'avait assuré que les vedettes nous mettaient parfai-

---

preuve que j'ai raison, c'est qu'avec 1,200 hommes nous avons glorieusement lutté pendant 3 jours et sans artillerie contre un corps de 1,800 hommes au moins, et que cette résistance a retardé de 3 semaines l'invasion Prussienne.

Note de l'auteur.

tement à l'abri d'un coup de main. Je ne me rappelle plus où j'étais, lorsque l'ennemi est arrivé, peut-être chez le Juge d'instruction. Le capitaine de gendarmerie accourt me prévenir que le Maire est en train de parlementer, au nom de la ville, avec les trente cavaliers.

Je n'avais aucune envie de parlementer avec ces cavaliers, et je fis courir après eux, sans me préoccuper de ce que le Maire pouvait avoir dit, voyant là une trahison du Maire et du commandant de la garde nationale qui laissaient entrer ces cavaliers jusque sur la place, lorsque tout devait être organisé pour empêcher cette surprise. Je fis tirer sur ces cavaliers; on tua un cheval et on fit un prisonnier.

La guerre était déclarée; je fis appel immédiatement à deux bataillons, celui de l'Aigle et celui de l'Orne qui arrivèrent dans la nuit. Je les fis mettre en position, et dès le lendemain, l'engagement eut lieu à 9 heures du matin, engagement que je prévoyais du reste.

La Municipalité n'était certes pas joyeuse de tout cela.

Nous avions constaté qu'il y avait 800 cavaliers prussiens, et nous avions de notre côté 2.400 hommes de mobiles, sans compter tous les habitants que j'avais fait venir des environs.

J'avais envoyé une proclamation dans toutes les communes, et le soir il était accouru 7 ou 800 gardes nationaux, qui, après une marche de plusieurs heures pour venir à notre secours, allèrent à la mairie demander du pain.

Il était tout naturel de donner à manger à ces gens fatigués. Le Maire leur dit : « Je n'ai rien a vous donner, allez vous faire nourrir par celui qui vous a

APPELÉS. » Cette phrase est textuelle. Je pris sur moi de leur délivrer des bons remboursables sur les fonds qui avaient été votés par le Conseil général pour la défense du pays. Le combat a continué.

Malheureusement, un mouvement tournant qui avait été fort bien organisé par le brave lieutenant-colonel des Moutis n'eut pas lieu par suite de la démoralisation des troupes du commandant de mobiles de Domfront qui, lui, n'était pas aussi brave ; ce chef au premier obus a tourné casaque, et tout son bataillon l'a suivi. C'étaient 1,200 hommes qui partaient, et, je vous l'avoue, je n'ai jamais vu courir comme cela.

Cette fuite a jeté le trouble dans la défense et il n'est plus resté que le bataillon de l'Aigle. Cette lutte a duré avec avantage jusqu'à la soirée du 10.

C'est à ce moment que les Commandants, suivis du Maire et du Conseil municipal, sont venus me déclarer que la lutte était impossible si nous n'avions pas l'artillerie que j'avais fait demander, non-seulement à Tours, mais à M. Labiche, mon préfet. Ils déclarèrent que tous les mobiles du monde ne pourraient pas lutter contre l'artillerie prussienne. « J'ai fait mon de-
« voir, me dit le lieutenant colonel des Moutis, les
« soldats sont fatigués et ce sera fini, donnez-nous une
« réquisition de chemin de fer pour nous retirer jus-
« qu'à l'Aigle. » Je donnai cette réquisition ; force était de me rendre, restant seul devant ces messieurs. Ce n'est pas la Municipalité qui m'aurait empêché de continuer la lutte, mais les chefs sont venus me déclarer que la défense n'était plus possible, que d'ailleurs nous avions rempli notre devoir. On avait même voulu faire des barricades, mais je refusai d'accord en ce point avec le Maire qui me dit : « A quoi cela servira-
« t-il, nous allons faire brûler la ville. » J'ai peut-

être eu tort ; enfin nous avons dû faire replier les troupes, et je partis trouver M. Labiche à Chartres. Je lui raconta la situation, et je la déplorai. Ma mission était remplie.

M. LE COMTE DE BOISBOISSEL. Il résulte de ce que vous venez de nous dire, qu'au moment de l'entrée des Prussiens, vous n'étiez plus à Dreux ?

M. ALFRED SIRVEN. J'ai retardé de 15 jours, 3 semaines, l'invasion prussienne, parce que je considérais Dreux comme une position très-importante, comme la clef de ces pays très-riches. Les Prussiens sont entrés le 21 octobre, et je suis parti le 11.

M. LE COMTE DE BOISBOISSEL. Enfin, vous n'étiez plus là lorsqu'ils sont entrés ?

M. ALFRED SIRVEN. J'étais à Tours ; je le répète, je suis parti le 12, après avoir retardé autant que possible l'entrée des Prussiens.

M. LE COMTE DE BOISBOISSEL. Je n'apprécie pas, je tiens à constater un fait.

M. ALFRED SIRVEN. J'avais donné ma démission à M. Labiche, je n'étais plus rien, j'avais un remplaçant que M. Labiche avait fait nommer par le Gouvernement de Tours.

M. BOREAU-LAJANADIE. Quels ont été les motifs de votre démission.

M. ALFRED SIRVEN. Je n'avais plus rien à faire, du moment qu'on ne voulait pas organiser la défense. Ma mission était de l'organiser ; on la déclare impossible ; après avoir tenté ce que je pensais être mon devoir de français, je n'avais plus qu'à me retirer. On a nommé le lendemain même à ma place le chef de bureau de M. Labiche.

M. BOREAU-LAJANADIE. Quand aviez-vous été nommé sous-préfet ?

M. Alfred Sirven. J'ai été nommé sous-préfet, à Paris, le 16 Septembre, et, le 17 au matin je partais. Voilà tout ce que j'ai ajouter à cette brochure qui n'est que le rapport journalier de ce qui s'est passé.

M. le Président. Je veux vous adresser quelques questions dont je puise les éléments dans votre brochure même. La première est celle-ci.

Est-ce qu'il n'avait pas été reconnu par le comité de défense locale formé antérieurement à votre arrivée à Dreux, et par tous les officiers commandant les bataillons des gardes nationales voisines, que la défense n'était pas possible dans les murs mêmes de la ville, entièrement ouverte, et devait être portée sur la ligne de l'Eure à quelques kilomètres?

M. Alfred Sirven. Parfaitement. C'est là que j'ai fait porter la défense, et placer mes deux bataillons.

M. le Président. Vous avez parlé de ce que le Conseil municipal aurait refusé de faire dans l'intérêt de la défense. Est-ce que par plusieurs délibérations successives, le Conseil municipal n'avait pas voté des fonds et pris des mesures pour tâcher d'organiser la défense autant que cela était possible?

M. Alfred Sirven. Le Conseil municipal n'a absolument rien fait pour la défense. Quand je suis arrivé j'ai trouvé des gens qui n'étaient pas équipés et auxquels on faisait faire l'exercice moitié avec des fusils, moitié avec des bâtons.

M. le Président. Permettez : il y avait 300 fusils envoyés par le gouvernement.

M. Alfred Sirven. 300 mauvais fusils que j'ai été obligé de faire changer.

M. le Président. La garde nationale se composait de 800 hommes?

M. Alfred Sirven. Oui, et cela faisait 300 fusils pour 800 hommes.

M. le Président. Ce ne peut retomber sur le Conseil municipal, qui n'était pas chargé de fournir des fusils. Mais est-ce que le Conseil municipal n'avait pas pris des mesures pour organiser des compagnies d'éclaireurs pour fournir en partie l'équipement aux gardes nationaux qui ne pourraient pas s'équiper eux-mêmes?

M. Alfred Sirven. C'est moi qui ai été obligé de faire une souscription.

M. le Président. Il y a des délibérations du Conseil municipal en ce sens.

M. Alfred Sirven. Il faut se reporter à cette époque; il y avait un trouble général, et dès mon arrivée, je fus en guerre ouverte avec le Conseil municipal. Je vis qu'on n'avait que 300 fusils, que les hommes étaient mal équipés, qu'on leur refusait de la poudre, en un mot, que la Municipalité ne voulait rien faire. Le jour où je voulais organiser la défense, le Conseil municipal faisait placarder une affiche dans laquelle il la déclarait impossible, disant que les fusils et les munitions seraient transportés au loin. J'ai envoyé cette affiche à Tours, elle est curieuse, c'est un document à conserver.

M. le Président. Serait-ce la proclamation du 19 septembre dont voici, du reste, les termes?

« Le Conseil municipal de Dreux, s'appuyant des opinions militaires et d'hommes compétents, a décidé que Dreux était une ville ouverte de tous côtés ne pouvait soutenir de défense utile contre des forces régulières et supérieures, alors surtout qu'il n'existe pas, dans un rayon assez rapproché, d'armée française à laquelle puisse profiter cette défense et le sa-

crifice de la vie de nos concitoyens. La ville ne com-
battra donc que les maraudeurs et les irréguliers des
armées, mais quelque pénible et triste que soit cette
résignation pour un cœur français, la ville de Dreux
est contrainte de s'incliner devant la force et de n'op-
poser aucune résistance à l'ennemi. Elle est persuadée
que celui-ci, de son côté, saura respecter et observer
les prescriptions du droit des gens et de l'humanité et
ne faillira pas aux règles de l'honneur militaire à l'é-
gard d'une ville désarmée.

« L'ennemi ayant pour habitude de s'emparer de
toutes les armes et munitions, de procéder au désar-
mement des citoyens et de faire chez eux des visites
domiciliaires, à cet effet, le Maire de Dreux, exécutant
d'ailleurs les prescriptions du Conseil municipal, invite tous les gardes nationaux auxquels des armes
avaient été confiées à les réintégrer dans l'arsenal
communal ; ces armes ainsi que les autres dont les citoyens seraient détenteurs seront immédiatement di-
rigées dans une ville à l'abri de l'invasion ; le tout afin
d'éviter que les armes soient prises et brûlées par
l'ennemi en permettant une occasion ou un prétexte
de représailles contre les personnes et les propriétés
des habitants.

« Le maire de Dreux,

« Signé : BATARDON. »

C'est bien là la proclamation dont vous parlez ?

M. ALFRED SIRVEN. Parfaitement. C'était une mesure
préventive qui n'avait pas sa raison d'être puisque
l'ennemi n'était pas là.

M. LE PRÉSIDENT. Je suis l'ordre chronologique, et je

ne suis pas arrivé au 8 octobre ; cette proclamation est du 18 septembre. Je remettrai maintenant sous vos yeux le texte des instructions données par la préfecture d'Eure-et-Loir quelque temps auparavant.

« Lorsque les forces de la commune — portaient ces instructions — seront hors d'état de résister aux agresseurs, les gardes nationaux armés devront se replier avec rapidité, et transporter leurs armes et munitions dans les communes voisines, et ainsi de proche en proche, hors des atteintes de l'ennemi. Il est expressément recommandé de ne pas établir d'embuscades l'intérieur des villages ou dans le voisinage immédiat des habitations. Lorsqu'un village sera envahi ou sur le point d'être envahi par une force supérieure, le Maire ou celui qui le remplace régulièrement, après avoir constate l'impossibilité de résister, se mettra en rapport avec le commandant de la force ennemie (1). »

C'est, nous disiez-vous, à la date du 8 que les Prussiens se sont présentés pour la première fois devant Dreux ?

M. Alfred Sirven. Oui.

M. le Président. Vous avez imprimé que le Maire s'était empressé d'obtempérer à la demande de réquisitions par eux faite. Je dois vous dire qu'ici votre déclaration n'est pas d'accord avec celle d'autres témoins. Etiez-vous présent lorsque le dialogue s'est échangé entre le Maire et les Prussiens ?

M. Alfred Sirven. Certainement non, je n'y étais pas. On m'a montré l'ordre de réquisition.

M. le comte de Boisboissel. Vous nous avez dit que vous étiez chez le Juge d'instruction ?

M. Alfred Sirven. Je ne sais pas au juste ou j'étais.

(1) Instructions du 19 septembre 1870.

M. LE PRÉSIDENT. Enfin vous n'étiez pas là, je me borne à le constater. Un magistrat de Dreux, M. Peltereau-Villeneuve, dans une brochure que vous connaissez sans doute : « *Dreux et le Gouvernement de la Défense nationale,* » constate, dans un sens très-différents de celui où vous venez de parler, que le Maire aurait tenu vis-à-vis des Prussiens le langage énergique et ferme qu'il devait tenir. « Averti avant M. le Sous-Préfet, le Maire se rendit immédiatement au-devant des hussards et, dans des termes *dignes* et *énergiques,* il leur déclara qu'ils ne pouvaient entrer dans la ville, car elle ne se laisserait pas imposer des réquisitions par quelques cavaliers. Il ajouta que, s'ils persistaient, le peuple tirerait sur eux. » Voilà la déclaration de M. Peltereau-Villeneuve.

M. ALFRED SIRVEN. J'ai des témoins qui déclarent le contraire.

M. LE PRÉSIDENT. Vous nous avez dit votre impression, je vous lis un passage de la brochure de M. Peltereau-Villeneuve, notre devoir est d'appeler votre attention sur tous ces points qui ont une grande importance. Un autre habitants [de Dreux, qui a gardé l'anonyme, mais qui, parait-il, occupe dans cette ville une position considérable, a exprimé la même opinion que M. Peltereau-Villeneuve, dans une suite d'articles intitulés : « *Souvenirs de l'occupation prussienne à Dreux* » et publiés dans le *Journal de Dreux*.

M. de Coynart, commandant des gardes nationales, s'exprime dans des termes également élogieux, il faut bien le dire, pour M. le Maire.

M. ALFRED SIRVEN. C'est tout naturel, ce sont des amis intimes et des commensaux du Maire.

M. LE PRÉSIDENT. Je vous demande pardon : il ne s'agit pas là d'amis intimes ni de commensaux ; il s'agit d'une question de sincérité, d'une question d'honneur, et sur un pareil point ces messieurs sont dignes d'être écoutés (1).

M. Alfred Sirven. Je n'ai rien à dire dans ce cas.

M. le Président. M. Batardon a répondu dignement aux Prussiens; c'est ce qui ressort de ces déclarations. Maintenant, voici qui est plus grave. M. des Moutis, dont vous venez de louer vous-mêmes le courage dans les tristes jours dont vous avez fait le récit, déclare que vous lui auriez dit à cette époque, le lendemain ou le surlendemain, que la réponse du maire avait été ce qu'elle devait être, digne et énergique. Voici dans quels termes M. des Moutis s'exprime dans son Rapport officiel :

« Le fait était vrai : le Sous-Préfet m'assura que le « Maire avait chassé les Prussiens, en menaçant de « fairé tirer sur eux ; mais qu'ils avaient laissé la note « des réquisitions à livrer dans les 24 heures. »

M. Alfred Sirven. Je n'ai pas dit un mot de cela ; je n'aurais pas été logique puisque j'ai fait tirer sur eux. Si j'avais dit ce que M. des Moutis rapporte, le Maire et moi nous aurions été d'accord et je n'aurais pas fait tirer sur les Prussiens.

M. le Président. Ce n'est pas dans l'intérieur de la ville que vous avez fait tirer sur eux et fait un prisonnier, mais à une certaine distance?

M. Alfred Sirven. A 4 kilomètres.

M. le Président. Ceci est bien entendu ; mais la seule question est de savoir quel a été le langage du

---

(1) Oubli des sténographes ou de la Commission : M. le comte de Boisboissel frappant sur la table :

« J'ai toujours connu M. de Coynart comme un vaillant officier et je ne permettrai pas qu'on l'attaque. D'abord c'est un de mes amis. »

Maire répondant aux Prussiens. Il affirme qu'il leur a dit « que s'ils ne se retiraient pas, il ferait tirer sur eux, » parce qu'ils se trouvaient dans des conditions d'infériorité de forces, et qu'il avait été décidé que, dans ces conditions, on se défendrait contre les menaces dont on serait l'objet. Le Conseil municipal, dans une délibératian du 4 mai 1871, confirme le récit du Maire; nous trouvons les mêmes affirmations dans les déclarations de MM. Peltereau-Villeneuve et de Coynart. L'auteur des « *Souvenirs de l'invasion prussienne,* » confirme aussi ce récit. Enfin, je vous oppose encore la déclaration que vous auriez faite vous-même à M. des Moutis. Je ne juge pas, mais je mets en présence de ces déclarations celle que vous nous faites maintenant, et qui n'est pas l'affirmation d'un fait dont vous auriez été témoin oculaire.

M. ALFRD SIRVEN. Il y a d'autres personnes qui étaient avec le Maire et qui m'ont fait des déclarations contraires. Je puis apporter ces témoignages. Vous avez des témoins, je ne l'ignore pas, mais je puis en avoir aussi.

M. LE PRÉSIDENT. Produisez-les. *Nous n'avons pas entendu de témoignages sur ce point, ce sont des documents imprimés depuis longtemps, par conséquent livrés à la discussion, que je vous communique.* Ces documents sont le livre de M. Peltereau-Villeneuve, celui de M. de Coynart, les *souvenirs de l'occupation prussienne* (1), le Rapport de M. des Moutis.

M. ALFRED SIRVEN. Vous devez alors avoir un autre

(1) Sous ce titre, M. de Coynard a, paraît-il, publié à Dreux, sans que j'en aie jamais eu connaissance, un libelle mensonger et diffamatoire. Il est regrettable que la Commission ait largement puisé à pareille source.

Note de l'auteur.

volume, « *les Souvenirs d'un commandant* » par M. de Foudras.

M. LE PRÉSIDENT. Oui, nous avons aussi le volume de M. de Foudras; je n'y ai rien trouvé que la manifestation de sympathies très-vives pour vous et l'allégation qu'il aurait été commissionné spécialement par M. Labiche, à l'effet d'aller arrêter M. Batardon. Nous reviendrons sur ce point, à la fin de votre déposition.

Quant aux faits du 8, j'en rappelle le récit tel qu'il a été fait par les autorités de Dreux et diverses autres personnes; je le place en regard de celui que vous faites, en vous demandant si vous avez des explications à donner.

M. ALFRED SIRVEN. J'apporterai à mon tour des témoignages; je vous demanderai de les recueillir.

M. BOREAU-LAJANADIE. Ne pourriez-vous pas nous dire quelles sont les personnes qui vous ont rapporté l'entrevue des Prussiens avec M. Batardon? vous étiez à Dreux?

M. ALFRED SIRVEN. Certainement.

M. BOREAU-LAJANADIE. Comment n'avez-vous pas été informé de l'approche des Prussiens?

M. ALFRED SIRVEN. C'est ce que je me suis toujours demandé; je m'en suis rapporté aux vedettes chargées de nous avertir, et au commandant de Coynart.

M. LE PRÉSIDENT. La vérité est que les éclaireurs ont très-mal éclairé.

M. ALFRED SIRVEN. Je ne pouvais être à 4 kilomètres et surveiller; j'étais dans mon bureau et je ne pouvais pas faire le métier d'éclaireur. Ce service a été mal fait, car 30 cavaliers n'arrivent pas dans une ville dans ces conditions-là.

M. LE PRÉSIDENT. Vous avez dit dans votre Rapport

imprimé que vous aviez fait sonner le tocsin et battre la générale, ce jour, 8 octobre. N'y a-t-il point là une confusion? Cela n'a qu'une importance secondaire, je le reconnais, mais n'avez-vous point confondu le beffroi sonné pour la convocation du Conseil municipal et l'annonce de la présence de l'ennemi, suivant un vieil usage de Dreux, avec la générale et le tocsin que vous avez fait battre et sonner le lendemain ?

M. ALFRED SIRVEN. Non, j'ai fait battre la général ce jour-là.

M. LE PRÉSIDENT. Sur ce point, il y a contradition encore entre votre récit et celui du Maire confirmé par le Conseil municipal.

M. ALFRED SIRVEN. Je l'ai fait battre aussitôt après l'arrivée de l'ennemi.

M. BOREAU-LAJANADIE. Lorsque vous avez été informé de l'arrivée des Prussiens, étiez-vous dans votre bureau, à la Sous-Préfecture?

M. ALFRED SIRVEN. Je n'y étais pas ; je ne prenais pas mes repas à la Sous-Préfecture. Le commandant de gendarmerie est venu me chercher.

M. LE COMTE DE BOISBOISSEL. Vous étiez chez le Juge d'instruction?

M. ALFRED SIRVEN. Je ne crois pas.

M. LE COMTE DE BOISBOISSEL. Vous l'avez dit en commençant votre déposition.

M. LE PRÉSIDENT. Enfin, on vous a fait prévenir.

M. ALFRED SIRVEN. On m'a dit : « Les Prussiens sont arrivés et le Maire parlemente. » Le commandant de gendarmerie est encore un témoin. Je ne sais comment il s'appelle, mais il est facile de le retrouver. C'est lui qui m'a rapporté les paroles du Maire.

M. BOREAU-LAJANADIE. Qu'est-ce que vous avez fait?

M. ALFRED SIRVEN. J'ai fait battre la générale et j'ai

2

ordonné de poursuivre les Prussiens. D'après les ordres de M. Labiche, préfet de Chartres, auquel j'avais télégraphié pour lui expliquer la situation, je demandai au général Boyer, qui avait deux bataillons inactifs à l'Aigle, de mes les envoyer.

M. BOREAU-LAJANADIE. N'avez-vous pas éu une entrevue avec le Maire, ce jour-là ?

M. ALFRED SIRVEN. Il est venu vingt-cinq fois me trouver. A ce moment-là, il empêchait le tambour de battre la générale.

M. BOREAU-LAJANADIE. Pourquoi ne vous êtes-vous pas mis en rapport avec le Maire lorsqu'on vous a dit qu'il parlementait?

M. ALFRED SIRVEN. Pardon, il est venu lui-même me trouver et me dire : « IL N'Y A RIEN A CRAINDRE, IL NE FAUT PAS SE DÉFENDRE, J'AI ARRANGÉ CELA. »

Je lui répondis. « Il ne s'agit pas de s'arranger; il s'agit de savoir si on est force pour lutter. » J'ai télégraphié, et voici la réponse du général Boyer. » Il a paru alors en prendre son parti et a dit : « Eh bien ! Défendons-nous. »

M. LE PRÉSIDENT. Qu'on ait pris le parti de se défendre quand on a su que des gardes mobiles de l'Orne marchaient au secours de Dreux, cela se comprend.

M. ALFRED SIRVEN. C'est moi qui ai pris l'initiative de les faire venir.

M. LE PRÉSIDENT. Je ne vous conteste pas ce mérite.

M. ALFRED SIRVEN. Il n'y a pas de mérite.

M. LE PRÉSIDENT. Ne discutons pas sur les mots. Quand on a su que la garde mobile marchait au secours de Dreux, LA DÉFENSE A PU ETRE ORGANISÉE, ET VOUS L'AVEZ ORGANISÉE VOUS-MEME (C'EST UNE JUSTICE A

VOUS RENDRE), PENDANT LA NUIT QUI A SUIVI, AVEC UNE
GRANDE ACTIVITÉ.

Mais est-ce que dans le temps qui a suivi l'apparition des Prussiens, il n'y a pas eu une sorte d'accord
sur ce point, provisoirement du moins, que la défense
n'était pas possible? M. de Coynart a déclaré que vous
lui auriez dit : « J'estime la partie perdue, je m'en
vais. »

M. ALFRED SIRVEN. C'est impossible! Jamais de la
vie je n'ai dit cela, puisque j'ai continué.

M. LE PRÉSIDENT. Vous avez continué lorsque vous
avez su que des secours arrivaient à Dreux; mais, auparavant vous auriez eu, — d'après le livre de M. de
Coynart, — une attitude différente : « Pendant que
ces faits se passaient à l'intérieur, dit-il, et alors qu'on
« ne connaissait pas l'issue et le résultat de la pour-
« suite, le Sous-Préfet ne doutant pas de l'arrivée d'une
« force Prussienne contre laquelle on ne pourrait lut-
« ter, avait abandonné très-facilement tous ses projets
« de défense locale, si bien que lorsqu'un officier de la
« garde nationale, lui dit, en passant devant la Sous-
« Préfecture : — Eh bien, M. le Sous-Préfet !... Je
« pars. — Faites ce que vous voudrez, répondit M. Sir-
« ven. — Ceci se passait dans la journée du 8 au
« matin. »

M. ALFRED SIRVEN. Je ne reconnais pas du tout ce
fait-là.

M. LE PRÉSIDENT. Ce fait se trouve confirmé par un
autre qui a une extrême gravité. Vous venez de nous
dire que le commandant de gendarmerie avait montré
beaucoup de dévouement. Eh bien! ce jour-là, il a
quitté Dreux en emmenant ses gendarmes, ce qui
lui avait été prescrit si l'ennemi se montrait en

nombre menaçant ; et il ne l'aurait pas fait s'il ne s'était pas senti menacé.

M. ALFRED SIRVEN. Parfaitement : Les gendarmes ont quitté Dreux ce jour-là, et ces pauvres gens avaient les larmes aux yeux. C'est le général Boyer qui les rappelait en disant : ce n'est pas la peine de faire prendre ces 15 gendarmes. Ils sont revenus deux jours après, parce que j'avais télégraphié de les faire revenir.

M. LE PRÉSIDENT. On peut dire alors que, le 8, il y a eu un moment où tout le monde a cru la partie perdue.

M. ALFRED SIRVEN. Mais elle n'avait pas été engagée !

M. DE BOISBOISSEL. Si, les Prussiens étaient déjà venus.

M. ALFRED SIRVEN. Ce n'était pas une partie engagée !

M. LE PRÉSIDENT. Une partie peut-être perdue à l'avance par l'inégalité de force des joueurs, et c'était l'opinion des personnes dont je parle.

M. ALFRED SIRVEN. Nous ne savions pas qu'elles étaient les forces de l'ennemi. Nous voyions 30 cavaliers qui arrivaient nous disant : « Nous sommes en « force, demain nous viendrons 20,000. » Vous savez comment ils ont pris Nancy et d'autres villes.

M. LE PRÉSIDENT. Ce jour-là, dans les mêmes circonstances l'évacuation des armes sur Tréon aurait été décidée, et l'exécution aurait même été commencée par le Maire? Vous l'avez dit dans votre brochure.

M. ALFRED SIRVEN. Parfaitement.

M. LE PRÉSIDENT. Est-ce que toutes les armes furent évacuées? Est-ce qu'on ne fit pas offre de remettre des armes aux gardes nationaux de bonne volonté, et il n'y eut-il pas une proclamation faite en ce sens ?

Vous avez dit qu'on avait évacué toutes les armes ; eh bien! il semble résulter de documents qui sont entre mes mains qu'une proclamation aurait été adressée aux gardes nationaux pour offrir des armes à ceux qui voudraient réellement s'en servir.

M. Alfred Sirven. Une proclamation municipale ?

M. le Président. Oui, et même dans cette proclamation on visait votre assentiment. La voici :

« Le maire de Dreux, après s'être concerté avec
« M. le Sous-Préfet, invite les citoyens qui veulent
« sérieusement faire preuve de bravoure (1), à se pré-
« senter immédiatement à la Sous-Préfecture ; là il
« sera délivré des armes. — Ils seront dirigés à deux
« lieues de la ville, à la rencontre de l'ennemi qui est
« annoncé, marchant sur Dreux.

« Les citoyens, détenteurs d'armes de guerre qui
« ne veulent pas marcher contre l'ennemi, sont invités
« à les apporter immédiatement à la Sous-Préfecture,
« afin d'armer ceux qui iront au combat.

Le Maire rappelle à tous ses concitoyens que, d'a-
« près l'avis du Conseil municipal, la ville ne pouvant
« se défendre contre des forces supérieures sans occa-
« sionner des représailles contre la vie et les propriétés
« des habitants, il est formellement recommandé de
« ne se livrer à aucune hostilité dans l'étendue du ter-
« ritoire de la commune de Dreux. — Dreux, le 8 oc-
« tobre 1870, 5 h. du soir.

» Le maire : Batardon.

(1) Faire preuve de bravoure ! est-ce là, M. Batardon, le motif pour lequel les citoyens se font tuer ? n'est-ce pas plutôt une mauvaise plaisanterie ?

Note de l'auteur.

2.

» Les capitaines de la garde nationale sont invités à se réunir immédiatement à la Mairie. »

Il résulterait de là que l'évacuation des armes sur Tréon n'aurait pas été complète.

M. ALFRED SIRVEN. Ceux qui n'ont pas voulu les rendre les ont gardées.

M. LE PRÉSIDENT. Ce n'est pas là le texte de la proclamation dans laquelle on vise même votre assentiment.

M. ALFRED SIRVEN. Je n'ai pas donné mon assentiment à une chose pareille.

M. LE PRÉSIDENT. Permettez! Cette proclamation n'est pas désavouable.

M. ALFRED SIRVEN. Je ne la désavoue pas. Voici ce qui est arrivé : On est venu chercher à la sous-préfecture des armes que nous avons délivrées ; et peut-être est-ce après cette proclamation, qui prouverait une certaine entente en ce moment, que ceux qui avaient pris des armes sont venus les rendre le soir. Du reste. on prêtait les armes pour la journée, et le soir, il fallait les rapporter.

M. LE PRÉSIDENT. Oui, parce qu'elles servaient pour les exercices et tout le monde en avait besoin. La proclamation que je vous communique est faite pour le moment même où l'ennemi apparaît, et les armes sont données aux gens de bonne volonté sans condition.

M. ALFRED SIRVEN. *Les armes ont été rapportées le soir, et le maire a profité de ce moment, sachant que nous voulions continuer la lutte le lendemain, pour les faire prendre. Quand on est venu les chercher, les armes étaient sur le chemin de Tréon ; j'ai fait courir après et je les ai fait revenir. Cela m'est arrivé deux fois de suite ; le lendemain soir, c'était la même chose.*

M. BOREAU-LAJADANIE. Il résulte de là, que le 8, il y

a eu une entrevue entre vous et le maire, que vous êtes tombés d'accord sur certains points et que c'est précisément à la suite de cette entrevue et de cet accord que la proclamation a été publiée et affichée.

M. ALFRED SIRVEN. Oui, du moment qu'il disait : « La défense est possible. » Je lui dis : « Je vais avoir deux bataillons, la défense est possible. »

Il me répondit : « Très-bien ! » CE QUI NE L'A PAS EMPÊCHÉ DE FAIRE EMPORTER LES FUSILS LE SOIR MÊME.

M. LE PRÉSIDENT. Nous allons passer à la journée du lendemain. J'ai dit déjà que la défense avait été organisée dans la nuit du 8 au 9, et que vous y aviez apporté personnellement un grand zèle. Le lendemain, avez-vous dit, le Maire aurait refusé des vivres. Êtes-vous bien sûr de ce fait ?

M. ALFRED SIRVEN. Parfaitement, le secrétaire de la sous-préfecture est là pour l'attester.

M. LE PRÉSIDENT. Nous voyons dans les documents émanés du Conseil municipal qu'il y a eu du pain pour 1,200 hommes, et pour plus de 600 fr. de vivres envoyés aux combattants par la ville. Enfin, M. des Moutis nous dit dans son rapport qu'il y a même eu gaspillage de vivres et que des gens auraient eu jusqu'à trois ou quatre bons de pain ou de viande. Il aurait pu y avoir gaspillage sur certains points, déficit sur certains autres, mais il n'y aurait pas eu de refus systématique et antipatriotique!

M. ALFRED SIRVEN. Il y a eu refus systématique, ne portant pas sur les mobiles mais sur les habitants des campagnes voisines qui sont arrivés au nombre de 4 ou 500, lorsque j'ai fait battre la générale.

M. BOREAU-LAJANADIE.. Avait-on prévenu la municipalité qu'elle eût à s'en procurer ?

M. ALFRED SIRVEN. La réponse est textuelle. C'est le

secrétaire de la sous-préfecture qui l'a reçue : « ALLEZ VOUS FAIRE NOURRIR PAR CELUI QUI VOUS A ENVOYÉ CHERCHER. »

M. LE PRÉSIDENT. Il semblerait résulter de la quantité de vivres envoyés par le Conseil municipal qu'ils auraient été bien plus que suffisants pour les mobiles ?

M. ALFRED SIRVEN. Le conseil municipal a donné des vivres sur la place de Dreux aux mobiles qui venaient d'arriver. A ce moment-là, nous étions parfaitement d'accord. Le Maire était enchanté de la défense ; mais, le soir, quand les paysans sont arrivés, il leur a dit : « ALLEZ-VOUS-EN, ALLEZ VOUS FAIRE NOURRIR PAR CELUI QUI VOUS A ENVOYÉ CHERCHER. » Cette phrase peut être attestée par tous ces gens-là, ils étaient 5 ou 600 et le secrétaire de la sous-préfecture était là pour demander des bons; en présence de ce refus j'ai dû faire des réquisitions de vivres.

M. LE PRÉSIDENT. Ce témoignage en faveur de la bonne volonté du Maire ne se trouve pas dans votre Rapport.

M. ALFRED SIRVEN. Oui, il a montré de la bonne volonté pour les mobiles auxquels il a fait distribuer du pain et de la charcuterie.

M. LE PRÉSIDENT. Ai-je bien compris ? N'aviez-vous pas dit que dans ce moment-là, le Maire s'était montré plein de zèle pour la défense?

M. ALFRED SIRVEN. Oui, quand les mobiles sont arrivés, l'enthousiasme était général dans la ville; c'était tout naturel.

M. LE PRÉSIDENT. C'était un noble sentiment qu'il est bon de signaler.

M. ALFRED SIRVEN. Il faut rendre cette justice à la municipalité. Autant la veille nous étions en guerre ouverte, autant ce jour-là nous étions prêts à nous donner la main. Il y a eu un mouvement magnifique quand les troupes sont arrivées sur la place; ce qui n'a pas empêché, le soir, le Maire de refuser à manger à ces pauvres diables qui venaient à notre secours.

M. le Président. Cette journée du 9, dont vous n'avez constaté les résultats qu'en passant, a été très-honorable pour la défense française, et nous sommes heureux de le constater. Cependant il y a eu un moment où l'on a cru la partie perdue, parce que les fuyards s'étaient répandus dans la ville.

Vous-même n'auriez-vous pas dans ce moment, sous l'impression commune, donné l'ordre à certaines troupes de quitter les hauteurs des Milliotières ou la ferme des Milliotières?

Je trouve ceci dans un document officiel.

M. Alfred Sirven. Je ne m'en souviens pas.

M. le Président. Dans ce moment de panique, il aurait été question de transférer de nouveau les armes sur Tréon...

M. Alfred Sirven. Par mes ordres? jamais!

M. le Président. Permettez : vous ne me laissez pas achever ma pensée...

Je n'ai pas dit que vous auriez donné l'ordre de faire transporter les armes sur Tréon, puisqu'au contraire, j'allais dire que vous accusez ceux qui auraient donné cet ordre, et que vous avez ajouté dans votre brochure qu'une seconde fois vous auriez donné un ordre contraire.

M. Alfred Sirven. Parfaitement!

M. le Président. Enfin, cette panique n'aurait duré qu'un moment et on se serait bien préparé pour l'effort du lendemain.

Vous avez dit, et c'est une erreur, que dans cette

journée du lendemain, 10, nous n'aurions eu qu'un blessé ; il résulte au contraire du rapport officiel de M. des Moutis que nous aurions eu 2 tués et 15 blessés.

M. ALFRED SIRVEN. Je n'ai vu qu'un blessé, et j'ai rapporté ce que M. des Moutis m'a dit séance tenante. Postérieurement, on a pu en trouver d'autres, et on a alors modifié le Rapport. C'est le 10, que le Commandant fait volte-face avec ses hommes.

M. LE PRÉSIDENT. Nous sommes donc au 10. Ce jour-là, suivant vous, il y aurait eu nouveau refus de vivres par la Municipalité ; à quoi le Conseil municipal répond, ainsi que M. des Moutis, que ce jour-là, comme la veille, on aurait envoyé des vivres sur le champ de bataille.

M. ALFRED SIRVEN. Ceci est parfaitement exact ; je ne parle pas des troupes, je parle des gens qui arrivaient de partout.

M. des Moutis ne s'occupe que des mobiles et non de ces gens-là.

M. LE PRÉSIDENT. Il serait vrai de dire que ces hommes qui arrivaient de partout, dont rien n'avait signalé la présence, étaient exposés á manquer de vivres plutôt que les autres.

M. ALFRED SIRVEN. On doit toujours trouver à donner à manger aux gens qui viennent à votre secours. La ville savait que je faisais appel aux gens des campagnes. Ces braves avaient marché longtemps pour venir à nous, nous devions les nourrir.

M. LE PRÉSIDENT. Ce jour, comme la veille, il y eut une sorte de débandade beaucoup plus triste encore.

M. ALFRED SIRVEN. Oui, et nous étions vainqueurs sur toute la ligne...

M. LE PRÉSIDENT. Une partie des gardes nationaux

de la campagne et de la ville même se répandit dans les rues en état d'ivresse, proférant des menaces; des coups de fusils furent même tirés sur des édifices publics. Vous avez tracé un tableau très-triste de ce qui s'est passé dans la soirée du 10. C'est ce même soir que l'évacuation de la ville fut arrêtée en conseil de guerre, ce que votre Rapport ne dit pas.

Vous dites dans votre Rapport qu'on a notifié la décision prise par la Municipalité et je vous rappellerai vos expressions mêmes :

« C'est alors que les commandants des deux ba-
» taillons de mobiles sont venus, escortés du Maire et
» de son Conseil, déclarer pour la troisième fois que
» sans canons leurs hommes ne marcheraient pas le
» lendemain, et qu'en conséquence ils allaient se re-
» plier sur Verneuil d'abord, sur l'Aigle ensuite. »

Mais il y avait eu à la Sous-Préfecture, sous votre présidence, une sorte de conseil de guerre, dans lequel, suivant le récit de M. des Moutis et d'autres personnes, les militaires ayant parlé les premiers, on exprima l'opinion que la défense était impossible. A cette déclaration des chefs militaires, tout le monde — c'est l'expression de M. des Moutis — aurait donné son assentiment. Il ne paraît pas que vous présent, vous président, vous ayez protesté contre cette mesure qui vous semblait, à vous aussi, une triste nécessité.

M. ALFRED SIRVEN. Evidemment; que pouvais-je faire ?

M. LE PRÉSIDENT. Il est regrettable que dans votre Rapport vous n'ayez pas parlé de ce Conseil qui a été tenu sous votre présidence.

M. ALFRED SIRVEN. Il faut lire la suite.

M. LE PRÉSIDENT. Je vais la lire.

Vous dites : « La Municipalité triomphait enfin ! »

et vous aviez parlé précédemment du « ravissement
» de la Municipalité qui entrevoit la fin de ses an-
» goisses fût-ce au prix du déshonneur ! » Ceci est
bien grave, car en définitive vous attaquez dans les
termes les plus violents des hommes dont la situation
était des plus douloureuses.

M. Alfred Sirven. Il faut se reporter à cette épo-
que-là. J'ai écrit ces lignes le lendemain même, étant
à Chartres. Je voyais des gens qui m'avaient conti-
nuellement entravé au moment où j'organisais la défense, qui se réjouissent quand ils voient que cela
faiblit, et font ce qu'ils peuvent pour l'entraver da-
vantage. Je n'ai pas trouvé ces gens-là très patriotes.

M. le Président. Mais l'opposition dont vous parlez
ne ressort d'aucun document (1).

M. Alfred Sirven. Elle a été systématique dès le
commencement.

M. le Président. Je ne la vois pas aussi systématique que vous le dites, témoin la proclamation de
vous qui, à la date du 21 septembre 1870, semble attester un certain accord de vues entre vous et le Conseil municipal. Voici, puisque nous rétrogradons en
ce moment, ce que vous disiez ce jour-là : « Citoyens !
» j'entends dire que vous vous étonnez des contra-
» dictions qui semblent exister entre les paroles que
» j'ai cru devoir vous adresser et celles qui émanent
» de la Municipalité. De contradictions, *il n'en saurait*
» *s'élever* entre gens qui n'ont en vue qu'un seul objet :

(1) Une opposition systématique ne se traduit pas par des documents qui peuvent devenir compromettants, mais par des faits
dont l'interprétation est toujours élastique. Se rappeler cette
phrase de la proclamation municipale : « Ceux qui veulent faire
preuve de bravoure. »

Note de l'auteur.

» le bien public et la prospérité de la cité. — Loin de
» moi d'exposer vos biens, vos familles et vous-mêmes
» à de sanglantes représailles. — Loin de moi la pensée
» de tenter une résistance impossible contre des
» forces supérieures.

» Ce que je veux, c'est que la ville de Dreux sache
» et puisse se défendre contre les voleurs de toute
» espèce vêtus ou non d'un uniforme. Ce que je veux,
» c'est que s'il faut rendre nos armes, nous les livrions
» avec la dignité qui convient à des citoyens coura-
» geux et braves que la trahison de la fortune fait
» plier devant un vainqueur !

» Vous le voyez, ce que je veux, c'est toujours pas
» de pusillanimité coupable, mais aussi pas de tenta-
» tive inconsidérée. Citoyens ! Il n'y a donc pas de
» contradiction entre l'administration municipale et
» le gouvernement que je représente. Si l'invasion
» pénètre jusque dans nos foyers nous saurons les
» uns et les autres faire notre devoir. Quant à moi
» j'aurai la conscience de pouvoir dire que si d'une
» part je n'ai pas manqué de prudence, de l'autre je
» n'ai manqué ni de courage ni d'énergie.

» **Votre concitoyen,**

» *Le sous-préfet de Dreux,*

» Signé : Alfred Sirven

» Dreux, le 21 septembre 1870. »

Voilà assurément de nobles sentiments exprimés
dans un bon langage ; à la date du 21 septembre, il
n'y avait donc pas désaccord entre vous et le Conseil
municipal.

M. Alfred Sirven. Parfaitement.

M. le Président. Plus tard, vous venez de nous le dire, en présence de l'ennemi vous vous êtes trouvé pleinement d'accord avec l'administration municipale.

M. Alfred Sirven. En présence des forces que j'avais fait venir, ce qui n'est pas la même chose.

M. le Président. J'ajouterai, si vous le voulez : ayant l'ennemi devant vous, et derrière vous des forces que vous aviez appelées : cela ne changera pas la constatation que je fais.

M. Alfred Sirven. Il y a une nuance très-grande.

M. le Président. Ainsi, vous étiez d'accord avant les événements ; pendant les événements vous avez été d'accord à certains moments, vous venez de nous le dire ; et le soir du 10, vous étiez encore d'accord avec le Maire, puisqu'il y a eu un Conseil de guerre sous votre présidence, dans lequel l'évacuation a été convenue sans objection, sans opposition de la part de personne, pas plus de votre part que de celle des autres membres présents.....

M. Alfred Sirven. Devant la force, j'ai dû céder.

M. le Président. Une seule personne fit une objection, ce fut M. Bourgoin, président du tribunal, arrêté, lui aussi, quelques heures après. Il dit qu'il ne fallait peut-être pas tant se hâter de quitter la ville, qu'il fallait attendre l'effet du mouvement indiqué par M. de Coynard (1). Mais enfin je constate l'accord qui a eu lieu entre vous et la Municipalité à certaines épo-

---

(1) M. de Coynard, ancien commandant d'état-major, commandant de la garde nationale de Dreux, a eu le malheur, pendant 'oute la durée de la lutte, d'être obligé de rester couché. C'étaient probablement ses anciennes blessures qui le forçaient

ques, dans des circonstances très-différentes. Et ce qui va établir de plus en plus cet accord à la date du 10, c'est la proclamation qui a été faite et signée par le Maire tout d'abord et par vous ensuite :

« La garde nationale mobile, chargée de la défense
» de l'Eure, ayant reçu l'ordre de se replier, et la ville
» de Dreux ayant depuis longtemps déclaré qu'elle
» était dans l'impossibilité de se défendre contre des
» forces supérieures.

» LE MAIRE DE DREUX RÉITÈRE A SES CONCITOYENS L'IN-
» VITATION QU'IL N'A CESSÉ DE LEUR FAIRE DEPUIS UN MOIS,
» DE DÉPOSER A L'ARSENAL TOUTES LES ARMES DONT ILS
» POURRAIENT ÊTRE DÉTENTEURS.

» Le sous-préfet de Dreux se joint à la Municipalité
» pour intimer à tous les étrangers l'ordre de quitter
» immédiatement la ville.

» *Le Maire de Dreux,*

» BATARDON,

« *Le sous-préfet de Dreux,*

» ALFRED SIRVEN. »

Vous étiez d'accord encore une fois, à la date du 10 au soir.

M. ALFRED SIRVEN. Nous étions tous d'accord à ce moment-là, devant l'opinion des commandants ; nous

à garder ainsi la chambre. Il n'a donc pas pu faire de plan stra-
tégique et indiquer un mouvement de défense.
En tout cas, jamais M. de Coynard n'a bien voulu m'en parler
à moi qui étais chargé par M. le Préfet de faire un plan de défense pour l'arrondissement.

Note de l'auteur.

ne pouvions pas faire différemment et je ne pouvais pas tenter de lutter seul.

M. LE PRÉSIDENT. Nous ne disons pas que vous dussiez tenter une défense impossible, que vous dussiez être d'un avis contraire à celui que tout le monde émettait; seulement, vous avez, dans votre Rapport, reproché amèrement à la Mairie *triomphante* l'attitude qu'elle aurait prise, et nous voyons que vous étiez au moins solidaire de cette attitude, puisque dans la proclamation vous faisiez cause commune avec elle.

M. ALFRED SIRVEN. A ce moment-là, oui ; mais je ne parle pas de ce moment. J'ai fait cause commune quand tout était perdu. Vous parlez des derniers événements.

M. LE PRÉSIDENT. Je parle du moment où vous dites que la Mairie est *triomphante parce qu'elle voit que toute résistance est devenue impossible.*

M. ALFRED SIRVEN. La Mairie a toujours désiré qu'on ne fît pas de résistance. Moi j'ai toujours désiré le contraire, et j'ai dû subir la loi du plus fort.

M. LE PRÉSIDENT. Vous faites une injure à la Mairie *triomphante* et *ravie* d'un acte auquel vous vous êtes associé.

M. ALFRED SIRVEN. Je ne lui fais pas une injure de cet acte du 10, puisque nous avons dû le subir ensemble ; je lui fais injure de sa conduite pendant la défense, pendant les trois jours de lutte (1).

M. BOREAU-LAJANADIE. Il est constaté que vous avez été d'accord à plusieurs reprises pendant ces trois jours.

(1) Oubli des sténographes : « et de la satisfaction qu'elle éprouva de ma défaite. »

M. Alfred Sirven. Nous avons été d'accord quand on a vu arriver les mobiles.

M. Boreau-Lajanadie. Le 8, quand les Prussiens arrivent, le Maire est en pourparler avec eux ; vous n'y étiez pas, vous n'avez pas su ce qui a pu s'y passer. Mais le soir, vous voyez le maire et vous lui dites que vous pouvez organiser la défense et que vous faites venir des forces à Dreux. A cela il répond : « Si nous pouvons avoir des forces, très-bien ! »

Vous étiez d'accord !

M. Alfred Sirven. Oui, mais après, il renvoie les fusils, et quand je vais les faire prendre, on ne les trouve plus. C'est donc une trahison !

M. Boreau-Lajanadie. Le lendemain 9, les mobiles arrivent, l'enthousiasme à ce moment-là est général, et le Maire et la Municipalité sont d'accord avec vous.

M. le comte de Boisboissel. Le mot de trahison est malheureusement employé dans bien des circonstances ; il ne faut pas en abuser.

M. Alfred Sirven. Mettons un autre mot si vous voulez.

M. le Président. Mon collègue a raison de vous dire que c'est un mot malheureux ; c'est un mot dont on a fait un étrange abus et qui n'est pas français.

M. Alfred Sirven. Si dans ce moment nous paraissions d'accord, si vous sortiez et si vous disiez tout le contraire de ce qui a été convenu, comment appeler cet acte?

M. le Président. Vous n'auriez pas le droit de dire que je commets une trahison. Tout au plus auriez-vous le droit de dire que j'ai changé d'avis et pourriez-vous plus tard me demander compte des motifs qui m'en auraient fait changer. Je ne me permettrais pas de qualifier de trahison l'acte d'un homme qui, après avoir été d'accord avec moi, aurait changé d'avis, surtout dans des circonstances aussi pénibles.

L'emploi de pareils mots peu avoir des conséquences épouvantables.

M. ALFRED SIRVEN. Je rétracte le mot, de même que je rétracterai tout ce qui pourrait paraître blessant dans ma brochure, car il ne faut pas oublier qu'elle a été écrite sous une impression bien douloureuse.

M. BOREAU-LAJANADIE. Le 9, vous êtes d'accord pour résister. Le Maire et la Municipalité partagent l'enthousiasme général en présence des mobiles. Cependant dans votre brochure vous dites : « Pendant ce temps, « la Municipalité est dans les transes, et pour para- « lyser l'élan patriotique qu'elle n'a pu arrêter, elle ne « trouve rien de mieux que de refuser des vivres à ces « courageux campagnards. »

M. ALFRED SIRVEN. C'est le soir.

M. BOREAU-LAJANADIE. Oui, pendant tout le jour l'enthousiasme était général. J'aurais voulu que ce fût indiqué dans votre brochure.

M. ALFRED SIRVEN. Je puis le constater et l'ajouter.

M. BOREAU-LAJANADIE. Puis en présence de la force imposante de l'ennemi, vous reconnaissez tous que la résistance est impossible. Vous êtes encore d'accord. Ainsi vous êtes d'accord le 8, le 9 et le 10.

M. ALFRED SIRVEN. Oui, mais dans quelles conditions et pendant combien de temps? Je télégraphiais au préfet qui me répondait : « Faites des concessions, faites ceci, faites cela. »

Je le mettais au courant de la situation et je ne pouvais agir sans son consentement.

M. LE PRÉSIDENT. Vous étiez vous-même dans cette soirée du 10 extrêmement ému.

M. ALFRED SIRVEN. Il y avait de quoi.

M. LE PRÉSIDENT. Je le comprends, je ne le discute pas.

M. ALFRED SIRVEN. J'étais accablé par une décision qui ne me satisfaisait pas et que je devais subir. J'étais atterré !

M. LE PRÉSIDENT. Vous compreniez que se rendre (1) devenait nécessaire à ce moment, que ce n'était la faute de personne. Vous l'avez compris puisque vous avez signé la proclamation ; peut-être ne fallait-il pas faire un reproche aux autres d'avoir subi comme vous une nécessité commune et de s'être comme vous incliné devant elle.

M. ALFRED SIRVEN. Vous n'assistiez pas à cette séance ; vous jugez cela très-froidement aujourd'hui ; il fallait y assister et voir l'air triomphant de M. Batardon, et la joie de ces gens-là !

M. LE PRÉSIDENT. La joie !...

M. ALFRED SIRVEN. Une joie relative, l'air de triomphe d'une personne qui dit : « J'avais bien prévu qu'on ne « pouvait pas se défendre. »

M. LE COMTE DE BOISBOISSEL. Peut-être ce que vous appelez de la joie n'était-il que le résultat de la pensée qui faisait retirer les armes ; ils voyaient la ville sauvée du pillage et de l'incendie.

M. ALFRED SIRVEN. On n'avait pas encore parlé de ces choses-là ; ceci se passe au début.

M. LE PRÉSIDENT. Vous avez jugé vous-même qu'il était convenable de vous retirer et vous êtes parti pour Chartres, laissant la Mairie et la population dans un

---

(1) Se rendre ! se rendre ! voilà la clé de voûte de tout ce système. Oui, mais se rendre avec bonheur et se rendre avec désespoir sont deux choses bien différentes.

Note de l'auteur.

grand désarroi ; peut-être votre présence sur les lieux, aucuns l'ont cru, aucuns l'ont dit dans des termes très-vifs, aurait-elle rendu quelques services.

M. Alfred Sirven. Je suis parti pour Chartres dans l'intention de revenir avec des chefs que j'avais demandés à M. Labiche. Je voulais lui exposer la situation et lui demander des renforts et des chefs habiles et déterminés. Arrivé à moitié chemin...

M. le Président. Je vais vous parler tout-à-l'heure de la rencontre de M. Vingtain, au Péage, mais maintenant nous ne sommes encore qu'au moment de votre départ.

M. Alfred Sirven. Je suis parti croyant bien faire.

M. le Président. Cette appréciation n'a pas été celle de tout le monde. M. le colonel de Beaurepaire, qui est mort si malheureusement, recueillant l'impression de la ville de Dreux lorsqu'il y entra, a qualifié dans des termes très-durs votre départ (1).

M. le Président. Le Préfet lui-même en a paru étonné ; il a été étonné aussi de ce que vous quittiez Dreux sans le prévenir par le télégraphe, car ce n'est pas vous qui l'avez prévenu, et vous exposiez ainsi les troupes qu'on envoyait à Dreux à être surprises.

M. Alfred Sirven. J'ai fait prévenir le colonel de Beaurepaire et je lui ai envoyé pour cela un gendarme.

M. le Président. Et ces troupes qui venaient de Chartres ?

M. Alfred Sirven. Je les ai rencontrées à moitié chemin.

M. le Président. Il n'en est pas moins vrai que le

---

(1) Oubli des sténographes . M. Alfred Sirven : — C'était l'impression de ses amis de la municipalité et non de la population.

télégraphe marche plus vite qu'un gendarme ; et que
le Préfet a trouvé étrange de ne pas avoir été prévenu
par vous ; car c'est un employé du télégraphe qui a
pris sur lui, après votre départ, d'avertir l'administration supérieure (1).

M. ALFRED SIRVEN. J'ai cru devoir avertir le préfet
de vive voix. Je lui avais déjà envoyé 25 télégrammes
et ne pouvais avoir de solution. C'est alors que je pris
une voiture pour me rendre à Chartres, et que je ren-
contrai à moitié chemin les troupes avec M. Vingtain.

M. LE PRÉSIDENT. Vous avez rencontré M. Vingtain
au Péage ; eh bien ! voici l'impression de M. Vingtain,
car vous ne me semblez pas au courant de ce qui a été
publié sur cette affaire. QUAND A NOUS, NOUS N'AVONS
PU FAIRE ASSURÉMENN UNE ENQUETE COMPLÈTE QUI AURAIT
PRIS DES PROPORTIONS ÉNORMES, mais nous avons cherché
bien consciencieusement à réunir tous les documents
officiels et officieux qui étaient de nature à nous
éclairer sur ce sujet. Voici un extrait du Rapport de
M. Vingtain :

« En arrivant au Péage, je trouvai le convoi arrêté,
et un gendarme m'annonça que M. Sirven, sous-
préfet de Dreux, désirait me parler. M. Sirven me dit
qu'il venait de quitter Dreux parce que la ville était
pleine de gens avinés et armés, courant dans les rues ;
qu'un conseil de guerre avait été réuni et que les mobiles de l'Aigle et de Domfront avaient dû quitter la
ville ; qu'il allait lui, de sa personne, prendre des
ordres à Chartres.

(1) Oubli du rapport : je donnai l'ordre à Mlle Dailly, employée
du télégraphe d'annoncer au préfet, avant de couper les fils, mon
départ pour Chartres. La préposée n'a pas pris cela sur elle. Le
désarroi du moment n'a pas permis d'écrire moi-même la dépêche
et de la signer, suivant mon habitude.

3.

Je lui demandai si, en fait, la retraite des mobiles était effectuée. Il ne put l'affirmer. Je lui manifestai l'intention arrêtée de me rendre à Dreux. Il m'offrit d'y revenir avec moi. Je lui répondis que sa présence était inutile dans une ville qu'il venait de quitter. Je donnai l'ordre au convoi de s'arrêter. »

Il est difficile de voir là autre chose qu'un blâme implicite; je vous signale ce passage puisque vous ne le connaissez pas (1).

M. ALFRED SIRVEN. Les mobiles étaient parfaitement partis à ce moment là.

M. LE PRÉSIDENT. On a prétendu qu'au moment de votre départ vous auriez dit : « La ville est vendue. » C'est un mot terrible !

M. ALFRED SIRVEN. Jamais de la vie; j'en fais le serment !

M. LE PRÉSIDENT. Je vous dirai même quelle est la personne devant laquelle vous auriez tenu ce propos.

M. ALFRED SIRVEN. Je serais heureux de la connaître.

M. LE PRÉSIDENT. C'est un homme très-honorable, et le propos n'aurait pu vous échapper que dans un de ces moments d'exaltation douloureuse, où on n'a pas conscience de tout ce qu'on dit. La personne devant laquelle vous l'auriez tenu est M. Vigueron, propriétaire et membre actuel du Conseil municipal.

M. ALFRED SIRVEN. Je ne le connais pas. Mais jamais je n'ai dit une chose pareille; il n'y a jamais eu dans ma bouche un mot semblable.

M. LE PRÉSIDENT. Tant mieux ! Mais il était de notre devoir de vous signaler ce propos qu'on vous attribue.

_____

(1) Voir plus haut ma lettre du 12 août à M. de La Sicotière; le livre de M. de Foudras : *Les Francs-tireurs de la Sarthe* ; et plus loin la lettre de MM. Fleury et Tétart.

Note de l'auteur.

Vous étiez tout à l'heure au Péage. Nous arrivons maintenant à Chartres. Là, que s'est-il passé?

M. Alfred Sirven. Je vois M. le Préfet....... Je fais mon rapport.

M. le Président. Et sous l'impression de ce que vous dites au Préfet, ou des termes de ce que vous appelez votre Rapport, apparaît, à la date du 12, un *Bulletin Départemental* extrêmement blessant pour la Mairie. Avez-vous été pour quelque chose dans la rédaction de ce Bulletin?

M. Alfred Sirven. Du tout. j'étais parti pour Tours.

M. le Président. Nous lisons dans ce Bulletin :
« Il fut décidé qu'une députation de la Municipalité se
» rendrait au devant de l'ennemi, pour lui offrir la
» soumission de la ville.

» Mais fort heureusement, la délibération de la Mu-
» nicipalité ne put recevoir son exécution. La députa-
» tion ne put rejoindre les ennemis qui étaient en
» pleine retraite et avaient même, dit-on, évacué
» Houdan.

» Sur les ordres du Gouvernement, une enquête sé-
» rieuse va être faite. Jusqu'à sa conclusion, nous
» nous abstiendrons d'apprécier le triste incident dont
» la ville de Dreux a été le théâtre.

» Le sous-préfet de Dreux, après avoir montré un
» grand zèle pour la défense, a été obligé par la dé-
» cision de la Municipalité et la retraite des mobiles
» de se replier sur Chartres. Il a été témoin de tous
» les faits, son témoignage est indispensable pour
» l'exécution des mesures d'enquête; il va être rem-
» placé provisoirement à Dreux par un délégué qui
» part aujourd'hui même. »

Ainsi vous n'êtes pour rien dans cette publication?

M. Alfred Sirven. Je ne la connaissais même pas.

M. LE PRÉSIDENT. Cette publication renferme quelque chose d'extrêmement grave ; c'est l'imputation contre le Maire et le Conseil municipal d'avoir été au devant de l'ennemi pour lui offrir de l'argent. Cette imputation a fait le tour de la France et c'est elle qui a le plus contribué à compromettre et à déshonorer dans une certaine mesure, devant l'opinion, des gens qui n'étaient pas coupables du fait qu'on leur attribuait.

M. ALFRED SIRVEN. Je n'y suis pour rien.

M. LE PRÉSIDENT. J'ai le regret de vous dire que vous ne seriez pas étranger par quelques imprudences de langage à la propagation de ce bruit calomnieux, car voici ce que je lis dans une publication récente intitulé : « *Album de la garde mobile d'Eure-et-Loir*, » par M. Silvy, p. 25 :

« Dreux avait été attaqué le 8 octobre, et les bruits les
» plus contradictoires circulaient à ce sujet : il y avait
» hostilité déclarée entre le Maire, M. Batardon, et le
» sous-préfet M. Sirven, à qui j'entendis à l'Hôtel-de-
» France raconter l'attaque de Dreux de la façon la
» plus plaisante. — D'après lui, au moment où les
» Prussiens se retiraient, le Maire aurait couru après
» eux pour leur faire accepter une somme de 200,000
» francs votée par le Conseil municipal pour servir de
» rançon à la ville. »

M. ALFRED SIRVEN. C'est complétement absurde, c'est complétement fantaisiste ; je ne connais pas du tout ce monsieur. Je suis parti pour Tours immédiatement, M. Labiche le sait bien ; je n'allais pas dans les cafés et je n'ai pas fréquenté ces messieurs, c'est c'est une chose qu'on me prête et que je récuse complétement.

L. LE PRÉSIDENT. Vous démentez le propos que vous attribue M. Silvy.

M. Alfred Sirven. Je ne connais pas ce monsieur, je le répète.

M. le Président. Vous auriez pu tenir le propos sans connaître la personne à laquelle vous parliez.

M. Alfred Sirven. Je n'ai jamais tenu un propos semblable.

M. le comte de Boisboissel. Alors vous niez le propos.

M. Alfred Sirven. Complétement.

M. le Président. Nous trouvons dans un journal d'Angers, — et vous nous direz si vous êtes en rapport avec lui, — dans la « *Démocratie de l'Ouest,* » un passage qui vous est entièrement favorable, mais qui est en même temps extrêmement injurieux pour le Conseil municipal de Dreux, et qui repro uit cette déplorable histoire, cette odieuse calomnie. Voici ce que je lis dans le numéro du 24 octobre 1870 :

« M. Alfred Sirven, Sous-Préfet démissionnaire de
» Dreux, nous raconte, dans une intéressante bro-
» chure, l'histoire fantastique et affligeante de M. Ba-
» tardon, Maire de la ville de Dreux. Il résulte de cette
» narration que les deux fonctionnaires étaient très-
» divisés sur la question de savoir si Dreux serait dé-
» fendu ou ne le serait pas. Averti par l'arrivée de
» 30 hussards de l'approche de l'ennemi, le Sous-Préfet
» fait sonner le tocsin et battre la générale. On accourt
» de toutes parts. Pendant ce temps, que fait le
» Maire? Il fait enlever de l'arsenal les fusils et les
» cartouches et les envoie à Tréon. ville située à
» 12 kilomètres. Le Sous-Préfet lance des coureurs à
» la poursuite des munitions. Il les rattrape et arme
» immédiatement 300 citoyens. Il jette de tous côtés
» l'alarme et les communes arrivent armées de fusils,
» de crocs, de faulx.

» Effroi du maire, il veux renvoyer chez eux les
» campagnards. Il leur refuse des vivres; le Sous-Pré-
» fet les héberge et les fait héberger de son mieux. On
» crie : *A bas le Maire!* M. Sirven fait un petit discours.
» Mais voilà le canon qui tonne du côté de Chérizy;
» on entend des cris de détresse et on voit les gardes
» nationaux courir à l'arsenal pour y déposer leurs
» armes. Le malheureux Sous-Préfet se remet à faire
» sonner le tocsin, et battre la générale de plus belle,
» il comptait encore sans le Maire. Celui-ci guettait
» les fusils pour les envoyer de rechef à Tréon.
» De rechef, M. Sirven envoie à la poursuite des
» armes et les ressaisit.

» Pendant ce temps, on se bat à Chérizy. Les gardes
» mobiles et les éclaireurs tiennent bon. Bientôt Ché-
» rizy est en flammes, l'ennemi fait feu de ses 3 pièces
» de canon et met le désordre dans nos rangs. Sans
» canons, on ne peut lutter. Le Maire et les Con-
» seillers sont ravis de n'en pas avoir. Mais l'endiablé
» Sous-Préfet en envoie quérir à Chartres. Le citoyen
» Alphonse Lunot apparaît sur la scène; il projette
» un coup hardi. Il cherche 1.200 hommes déterminés
» pour aller cerner les Prussiens. Mais, hélas! où sont
» les gardes nationaux des communes? Avec les sous
» que le brave Sous-Préfet leur a donnés, ils se sont
» livrés, dit M. Sirven, à des libations qui excluent
» toute discipline. Quel triomphe pour la Muni-
» cipalité!

» M. Batardon rend une ordonnance aux termes de
» laquelle il enjoint à ses administrés d'avoir à rap-
» porter leurs armes à l'arsenal. Il décline la respon-
» sabilité de ce qu'il appelle la résistance de la ville
» de Dreux. On obéit à M. Batardon; il était temps de
» désarmer la population; les hommes ivres, pris d'une

» belle ardeur, déchargeaient leurs fusils les uns
» contre les autres. A minuit, le Sous-Préfet part pour
» Chartres. A peine a-t-il les talons tournés, que la
» Municipalité décide qu'elle parlementera avec l'en-
» nemi. C'est dans ce but que M. Batardon, muni,
» paraît-il, de 50,000 francs, se met à la poursuite des
» Prussiens. Il les a cherchés en vain sur toutes les
» routes, moins heureux que les gardes nationaux, il
» n'a pu les rencontrer. L'infortuné a dû remporter
» intacte la rançon de ses administrés. Pour ces faits,
» M. le Maire de Dreux a été conduit à Tours sous
» bonne escorte. M. Sirven ne l'a point quitté qu'il
» n'ait tout expliqué au Gouvernement. On sait avec
» qu'elle note flétrissante insérée au *Moniteur* M. Ba-
» tardon a été rendu à la liberté et à la ville de
» Dreux. Quant à M. Sirven, la ville de Dreux
» lui est redevable de n'avoir pas été d'abord vendue
» à une poignée de cavaliers et de s'être défendue en-
» suite contre un corps de 1,800 Prussiens. Ce fonc-
» tionnaire sera incessamment renvoyé dans un poste
» où son énergie sera mieux secondée. »

M. LE COMTE DE BOISBOISSEL. Quelle est la signature?

M. LE PRÉSIDENT. L'article n'est pas signé. Je demanderai à M. Sirven s'il a été pour quelque chose dans la
publication de cet article.

M. ALFRED SIRVEN. Je n'en avais pas connaissance,
c'est la première fois que je l'entends. C'est un récit
très-fantaisiste.

M. LE PRÉSIDENT. Je vous dirai qu'un récit du même
genre a paru dans d'autres journaux.

M. ALFRED SIRVEN. C'est idiot !

M. LE PPRÉSIDENT. Vous qualifiez ce récit d'idiot !
Mais c'est sur de pareils bruits que des citoyens ont
été arrêtes, flétris, et que l'un d'eux a manqué d'être

assassiné en traversant le Mans. Nous avons été saisis de la connaissance de cette affaire par une plainte directe du Conseil municipal de Dreux. Ce récit a fait l'arrestation et l'arrestation a fait la plainte.

M. ALFRED SIRVEN. L'arrestation de qui?

M. LE PRÉSIDENT. L'arrestation de M. Batardon.

M. ALFRED SIRVEN. Je ne suis pour rien dans ces récits.

M. LE PRÉSIDENT. Vous avez entendu l'allégation très-directe et très-positive de M. Silvy; vous la désavouez?

M. ALFRED SIRVEN. Absolument!

M. LE PRÉSIDENT. Vous désavouez les articles publiés dans la *Démocratie de l'Ouest* et ailleurs?

M. ALFRED SIRVEN. Je les désavoue. D'abord je n'écris pas dans les journaux, je fais des livres. Je maintiens les faits relatés dans ma brochure et je désavoue tout ce qui est en dehors de ma brochure.

M. LE PRÉSIDENT. Il est, du moins, impossible de douter que des communications très-hostiles à la Mairie aient été faites à divers journaux de l'opinion démocratique avancée.

M. ALFRED SIRVEN. Il n'est pas impossible que parmi les démocrates de Dreux il y ait des ennemis de la Municipalité. Quant à moi, je suis parti de Dreux, je n'y suis plus retourné et je ne connais pas toutes ces brochures-là.

M. LE PRÉSIDENT. Ce qu'il y a de certain, c'est que M. Batardon fut arrêté le 11 au soir avec MM. Guérin, Gromard et Bourdon-Gromont; ce qu'il y a de certain aussi, c'est que M. Guérin, arrêté avec le Maire, n'avait même pas pris part à la délibération du matin, qui avait eu pour objet de charger un certain nombre de citoyens d'aller attendre l'arrivée des Prussiens, que l'on croyait imminente, vous comme tout le monde. Le Conseil municipal avait décidé qu'il fallait les attendre, c'était conforme aux instructions de la Préfecture, car elles portaient que le Maire et les délégués du Conseil, lorsqu'une ville ne pourrait plus se défendre, devaient se transporter au-devant de l'ennemi pour conjurer les derniers malheurs. Ce qui avait été prescrit par l'Administration Préfectorale fut exécuté par la municipalité de Dreux; le Maire seul resta à l'Hôtel-de-Ville et n'alla pas dans les faubourgs; ses collègues du Conseil municipal et quelques personnes de la ville, parmi lesquelles je compte de vos amis, crurent de leur honneur de citoyen, voyant qu'on ne pouvait plus résister, de conjurer le fléau d'une invasion à main armée et ils s'associèrent à la démarche du Conseil municipal.

Il n'a point été voté de fonds à donner aux Prussiens, il n'a point été réuni d'argent dans une bourse, de sorte que les bruits répandus restent à l'état de calomnie odieuse. Elle n'en a pas moins fait son chemin, puisque le Maire a été arrêté avec trois de ses collègues dont un n'avait même pas fait partie de la réunion du matin.

Lors de l'arrestation, vous n'étiez plus à Dreux, cela est certain.

Je vous demanderai maintenant si vous avez quelque connaissance de la façon dont cette arrestation aurait été ordonnée. Etant à Chartres, auriez-vous vu des ordres d'arrestation? En avez-vous eu connaissance, officiellement ou officieusement?

M. Alfred Sirven. Je n'en ai eu connaissance ni officiellement ni officieusement.

M. le comte de Boisboissel. Est-ce sur votre rapport que l'arrestation a été faite?

M. Alfred Sirven. Non, je crois que c'est sur le rapport de M. Vingtain.

M. le Président. Vous aviez fait un rapport verbal ?

M. Alfred Sirven. Oui, mais M. Vingtain est arrivé en même temps que moi et il a dit la même chose. Alors M. Labiche a reçu de Tours une dépêche lui ordonnant de faire l'arrestation.

M. le comte de Boisboissel. Alors l'ordre émanerait du gouvernement de Tours ?

M. Alfred Sirven. Je le crois, mais je n'en suis pas certain.

M. le Président. M. Labiche désavoue l'initiative de l'ordre d'arrestation et c'est sur ce point qu'il se trouve dans une certaine mesure en désaccord avec la brochure de M. de Foudras. M. de Foudras dit : « M. Labiche me charge de me rendre de ma personne à Dreux, d'y arrêter le maire et de le ramener à Chartres. Je pars en voiture, accompagné des capitaines Fleury et Tétard ; nous sommes de retour dans la nuit avec notre prisonnier. » Il ne dit pas de quel côté l'ordre serait venu. C'est une raison pour moi de vous demander si vous avez quelque connaissance officielle ou officieuse du point de départ de l'ordre d'arrestation. Êtes-vous sûr que cet ordre soit venu de Tours ?

M. Alfred Sirven. Sûr, non ! Ces Messieurs causaient ensemble, j'étais éloigné d'eux et je ne me permettais pas d'assister à leur conférence particulière. Je sais qu'ils ont dit : « Nous allons le faire arrêter ; » c'est pour cela que je dis que c'est sur le rapport de M. Vingtain. Je suis parti pour Tours où Gambetta m'appelait.

M. le Président. A quelle heure étiez-vous parti pour Tours.

M. Alfred Sirven. Dans la soirée du 12 je crois. Je n'ai pas eu le temps de faire mon Rapport.

M. le Président. Vous êtes arrivé à Tours avant M. Batardon?

M. Alfred Sirven. Non, en même temps.

M. le comte de Boisboissel. En même temps!

M. Alfred Sirven. Oui, dans le même train...

M. le Président. M. Sirven est complètement étranger, d'après les documents que j'ai recueillis, à la direction sur Tours de M. Batardon.

M. le comte de Boisboissel. Je n'insiste pas sur ce point-là.

M. Alfred Sirven. D'après le Bulletin départemental que vous avez lu, l'arrestation a été faite à la suite des renseignements fournis par M Vingtain qui arrivait. Je n'ai pas eu le temps de raconter les faits ; j'ai dit : « Je vais vous écrire cela et je vous l'enverrai. » Gambetta me l'a demandé, c'est la brochure que vous avez. Je suis complètement étranger à tout ce qui a pu être dit, fait, écrit en dehors de ma brochure.

M. le Président. Est-ce sur vos communications qu'a été subi l'interrogatoire de M. Batardon? Est-ce vous qui avez remis à M. Gambetta les notes dont il s'est servi?

M. Alfred Sirven. Il a reçu énormément de notes de M. Labiche; moi je lui ai fait mon Rapport que voilà. J'ai vu une seule fois Gambetta, je lui ai remis mon manuscrit et je n'ai plus revu personne. J'ai été complètement en dehors du Gouvernement.

M. le vicomte de Boisboissel. Vous n'avez pas été remplacé?

M. Alfred Sirven. Je suis allé voir ma mère à Toulouse, je suis resté en dehors du Gouvernement.

M. le Président. Le 18 octobre, a paru au *Moniteur*

une note que vous avez fait reproduire en tête de votre brochure, elle est très-fâcheuse.

M. Alfred Sirven. Elle n'est pas de moi, elle vient du ministère de l'intérieur et je n'en ai eu connaissance que par le *Moniteur*.

M. le Président. Vous affirmez être complètement étranger à la publication de cette note?

M. Alfred Sirven. Complètement.

M. le Président. Cependant vous l'insérez en tête de votre Rapport.

M. Alfred Sirven. Je l'ai insérée parce que je publiais mon Rapport.

M. le Président. Vous avez publié votre Rapport pour la première fois dans le *Journal de Rouen* du 19 octobre?

M. Alfred Sirven. Non, en brochure.

M. le Président. Sur votre brochure, je vois: seconde édition.

M. Alfred Sirven. Cela se fait quelquefois en librairie.

M. le Président. Où a-t-elle paru la première fois?

M. Alfred Sirven. A Tours. Je ne me suis pas donné la peine de l'envoyer aux journaux qui l'ont publiée.

M. le Président. Aviez-vous bien le droit de publier un Rapport administratif et politique sans l'autorisation de vos chefs? Ne devait-il pas rester confidentiel entre vos chefs et vous?

M. Alfred Sirven. Gambetta m'a dit : « Vous pouvez le publier, » je voulais mettre Rapport *officiel* et il me dit : « Mettez le titre que vous voudrez, mais ne mettez pas Rapport officiel. » Il n'en avait pas encore eu connaissance.

M. le Président. Il est peut-être fâcheux qu'un document de cette nature ait été livré à la publicité. Il y

a des gens qui se trouvaient attaqués sans qu'ils pus
sent se défendre. Il est regrettable que vous l'ayez fait
précéder d'une préface aussi violente, quoique vous
prétendiez n'en être pas l'auteur, mais permettez-moi
de vous dire que vous en assumez dans une certaine
mesure la responsabité.

M. Alfred Sirven. Je ne suis pour rien dans cette
note qui a paru au *Moniteur;* on n'assume pas la res
ponsabilité de tout ce qu'on insère dans un livre.

M. le comte de Boisboissel. Vous avez du moins
propagé cette note.

M. Alfred Sirven. Je n'ai pas fait de ma brochure
une affaire de commerce ou de librairie.

M. Boreau-Lajanadie. Dans votre brochure nous
trouvons des phrases comme celle-ci : « Une seconde
« fois je fais prendre ces armes et je les livre aux ci-
« toyens, toujours au grand effroi de la municipalité
« pour qui *patriotisme est synonyme d'imprudence et*
« *d'anarchie.* »

M. le Président. C'est une observation que j'allais
faire : est-ce que votre rapport adressé à M. Labiche
est entièrement conforme à celui que vous avez publié?

M. Alfred Sirven. A peu de chose près.

M. le Président. J'ai la copie manuscrite du rapport adressé à M. Labiche et je vois que tout ce que
vient de lire mon collègue ne se trouve pas dans la
première rédaction. En revanche, dans la première
rédaction il y a certains passages assez vifs qui ont
disparu dans l'imprimé.

M. Alfred Sirven. C'est possible.

M. le Président. Enfin vous nous dites que c'est
sur l'avis de M. Gambetta que vous avez publié votre
Rapport?

M. Alfred Sirven. Il ne m'a pas dit de le publier, il m'a dit : « Faites ce que vous voudrez, mais ne mettez pas rapport officiel.

M. le Président. Voilà pourquoi il faudrait appeler *note* ce récit qui n'aurait pas revêtu le caractère de rapport officiel, ce qui expliquerait dans une certaine mesure les différences qui se trouvent dans les deux rédactions.

M. Alfred Sirven. Au moment de l'impression on modifie certains mots.

M. le Président. A Tours, vous n'avez pas été en rapport avec M. Batardon, alors prisonnier dans les conditions les plus douloureuses, ayant été gravement insulté, sa vie ayant été mise en danger au Mans, car son histoire courait devant lui, le dénonçant partout à l'indignation des populations. M. Batardon arrive à Tours, il est interrogé par M. Gambetta. Vous dites que vous n'aviez pas remis de notes écrites à M. Gambetta pour cet interrogatoire?

M. Alfred Sirven. Si, le rapport que vous avez là.

M. le Président. Et des notes particulières?

M. Alfred Sirven. Non, seulement le Rapport et des affiches.

M. le Président. Nous n'attachons pas, du reste, à la remise de ces pièces une importance bien considérable.

M. Alfred Sirven. On ne m'a même pas appelé.

M. le Président. Ainsi vous êtes étranger à l'interrogatoire et aux suites de l'interrogatoire. Avez-vous vu M. Gambetta entre l'interrogatoire et la mise en liberté de M. Batardon?

M. Alfred Sirven. Non.

M. le Président. Je vais terminer par une question qui vous a déjà été posée ou plutôt que vous avez pré-

venue. Vous n'avez pas repris de fonctions adminis-
tratives?

M. ALFRED SIRVEN. Non, je suis allé à Bordeaux et
de là à Toulouse.

M. LE COMTE DE BOISBOISSEL. M. Sirven n'a plus été
fonctionnaire public.

M. ALFRED SIRVEN. Je me suis remis à écrire, j'ai fait
des livres.

M. LE PRÉSIDENT. Avez-vous, maintenant, par suite
des questions que nous vous avons adressées, quelque
chose à ajouter à votre Rapport?

M. ALFRED SIRVEN. Je n'ai rien à ajouter, sinon que
je suis d'une entière bonne foi : j'ai cru remplir mon
devoir et je ne pensais pas qu'un jour j'aurais à me jus-
tifier.

M. LE PRÉSIDENT. Si nous vous avons appelé, c'est
que vous-même avez désiré être entendu. Il n'entre
point dans notre rôle de vous accuser de n'avoir pas
rempli votre devoir; seulement le grief qui aurait pu
s'élever contre vous résulterait de termes violents que
vous avez, dans une certaine mesure, regrettés et dés-
avoués ici, et qui avaient été employés vis-à-vis du
Conseil municipal, termes qui n'auraient pas été
étrangers au fâcheux dénouement de cette affaire.

M. ALFRED SIRVEN. Les termes de ma brochure ne
peuvent pas être cause de ce qui est arrivé.

M. LE PRÉSIDENT. La brochure n'est que l'expression de vos sentiments et quand on voit que vous avez
été le premier en contact avec l'administration de
Chartres, que vous aviez une situation officielle qui
vous imposait plus de réserve, en même temps qu'elle
donnait plus de crédit à votre parole, vos expressions
acquièrent une gravité qu'elles n'auraient pas eue sous
la plume d'une autre personne.

M. Alfred Sirven. Les expressions, je les ai employées après coup, et ce n'est pas moi qui suis la cause, par ma brochure, de ce qui a eu lieu, puisqu'elle n'a pas été publiée.

M. le Président. Aussi je dis *les sentiments* qui ont dicté les expressions que nous regrettons de trouver sous votre plume. Nous avons le droit de le dire, puisque vous avouez vous-même que vous les regrettez.

M. Alfred Sirven. On regrette toujours les mots qui peuvent blesser.

M. le Président. Les sentiments que vous avez manifestés dans votre brochure ont pu avoir une certaine influence sur le sort de M. Batardon et de ses collègues. Il ne m'appartient pas d'aller plus loin et je m'arrête.

M. Alfred Sirven. S'il ne s'agit que des mots, on peut les retirer, mais il faut se reporter à l'époque pour bien les juger. Évidemment j'écrirais, aujourd'hui, cette brochure de la même façon, quant au fond, mais peut-être différemment quant à la forme.

M. le Président. Il y aurait moins d'inconvénient pourtant à employer certaines expressions aujourd'hui que dans ce temps-là.

M. Alfred Sirven. Ma brochure faite après coup n'est pour rien dans ce qui est arrivé à M. Batardon.

M. le Président. Aussi n'ai-je pas dit que ce fût la brochure qui eût causé l'arrestation de ces Messieurs ; mais une chose nous frappe, c'est que votre brochure respire à l'endroit de la municipalité de Dreux une passion, une irritation qui ont pu se trouver dans les communications que vous avez faites avant l'arrestation, et par conséquent n'y être pas étrangères.

M. Alfred Sirven. Je n'ai pas fait de communications avant l'arrestation.

M. LE COMTE DE BOISBOISSEL. Vous aviez remis votre Rapport à M. Gambetta avant l'interrogatoire.

M. ALFRED SIRVEN. Je l'ai remis 5 jours après mon arrivée à Tours.

M. LE COMTE DE BOISBOISSEL. Mais quand vous êtes arrivé à Tours, vous avez dit à M. Gambetta : « Voilà ce qui s'est passé » et il a répondu : « Faites-moi votre rapport. »

M. ALFRED SIRVEN. Je ne lui ai pas fait de rapport verbal, je ne l'ai vu qu'un instant ; M. Spuller était là, il m'a dit : Faites-moi votre rapport.

M. LE COMTE DE BOISBOISSEL. Je suis heureux de vous avoir fait cette observation, car elle sert à rectifier mon opinion que vous aviez exposé à M. Gambetta les choses telles qu'elles s'étaient passées à votre point de vue et que c'était sur cet exposé que l'interrogatoire avait eu lieu, ainsi que sur le rapport écrit.

M. ALFRED SIRVEN. Non, lorsque je suis arrivé, il y avait 4 ou 5 personnes chez Gambetta ; je leur dis simplement bonjour et M. Gambetta me chargea d'écrire mon Rapport et de le lui remettre quelques jours après.

M. LE PRÉSIDENT. La sortie de prison de M. Batardon est du 16 ; donc il a été interrogé le 15 et comme votre brochure ou votre note devait être faite auparavant, vous n'avez pas pu prendre plusieurs jours pour la faire.

M. ALFRED SIRVEN. Gambetta s'en rapportait aux télégrammes que lui avaient envoyé MM. Labiche, de Foudras et Vingtain ; mais ma brochure n'est pour rien dans l'interrogatoire.

M. LE PRÉSIDENT. Mais votre Rapport est daté de Tours, 12 octobre 1870.

4

M. Alfred Sirven. Ce n'est pas possible, je n'y étais pas.

M. le Président (présentant un manuscrit). Reconnaissez-vous votre écriture?

M. Alfred Sirven. Ce n'est pas mon écriture, mais c'est moi qui ai dicté ce Rapport.

Il faut très-bien comprendre ce qui a eu lieu. J'avais anti daté le Rapport pour qu'il eût un peu plus d'actualité; mais je n'étais pas à Tours en ce moment-là.

M. le Président. Mon observation porte sur ce point que votre Rapport a été fait plus tôt que vous ne le disiez.

M. Alfred Sirven. Il n'a pas pu être fait avant le 14.

M. le Président. Ainsi le rapport est fait le 14, l'interrogatoire a eu lieu le 15 et la mise en liberté a lieu le 16.

M. Alfred Sirven. Je n'ai pas fait de rapport verbal à M. Gambetta ni à M. Labiche. C'est M. Vingtain qui est venu raconter les choses à ce dernier.

M. Boreau - Lajanadie. Tout à l'heure M. Sirven protestait très - énergiquement, et nous en avons été très-heureux, contre certaines expressions de la presse au sujet des événements de Dreux. Je crois que vous déclinez la responsabilité de tous ces écrits fantaisistes; à ce moment-là je n'avais pas lu la dernière page de votre brochure et voici ce que j'y lis :

« A de rares exceptions près, toute la presse a parlé
» dans les termes les plus flatteurs pour le sous-
» préfet de Dreux et les plus flétrissants pour la mu-
» nicipalité de cette ville, du rapport ci-dessus. Bon
» nombre de journaux l'ont même reproduit *in extenso*.
» Les écrivains ont compris qu'il importait de donner
» la plus grande publicité possible à des faits de cette

» nature, qui, s'ils n'étaient pas étalés au grand jour
» et sévèrement flétris, tendraient malheureusement
» à se multiplier.

» M. Alfred Sirven envoie à ses confrères ses plus
» chaleureux remercîments, et regrette de ne pou-
» voir reproduire ici toutes leurs appréciations. Nous
» nous bornons aux extraits suivants :

» Notre confrère Alfred Sirven, sous-préfet démis-
» sionnaire de Dreux, vient de faire paraître, à Tours,
» un intéressant rapport des événements de Dreux. Il
» ressort de ce document ce que nous savions déjà,
» c'est que la municipalité de Dreux, à l'instar des
» municipalités impérialistes de bien d'autres villes,
» était prête à tout plutôt qu'à se défendre, et qu'elle
» a constamment entravé par tous les moyens de dé-
» fense que prenait le sous-préfet. Il ressort encore
» que la ville de Dreux est redevable à M. Alfred
» Sirven de n'avoir pas été vendue tout d'abord à une
» poignée de cavaliers, et de s'être défendue ensuite
» pendant trois jours contre un corps prussien de
» 1,800 hommes. »

(Le *Siècle* du 25 octobre 1870.)

M. ALFRED SIRVEN. Je n'assume la responsablité de
rien. Du reste, je ne vois rien de bien extraordinaire
dans cet article, sauf le mot regrettable de *vendu*, qui
veut dire ici *accepter les réquisitions.*

M. LE COMTE DE BOISBOISSEL. *Vendu!* Cela veut dire
livrer sa ville pour de l'argent !

M. ALFRED SIRVEN. Oh! non, je ne le prends pas
comme cela, ni l'écrivain qui l'a écrit.

M. LE COMTE DE BOISBOISSEL. Nous savons le français
et les écrivains seraient tenus de le savoir.

M. ALFRED SIRVEN. Je n'ai pas mis le mot *vendu* dans
ma brochure ; à part quelques expressions que je n'y

mettrais pas aujourd'hui, elle est conçue dans des termes très-sobres.

M. LE PRÉSIDENT. Si vous avez quelques notes, quelques pièces à nous communiquer à l'appui de votre déposition, vous pouvez le faire; vous pouvez, Monsieur, maintenant vous retirer (1).

II

A M. le Président de la Commission d'Enquête sur le 4 septembre (2).

Monsieur le Président,

Permettez-moi de vous adresser ces quelques notes additionnelles à ma déposition d'hier et que je vous prie d'y faire consigner. Ce sont, sinon des faits nou-

---

(1) J'ai adressé à la Commission une lettre de M, Legoux, membre du conseil général d'Eure-et-Loir très peu flatteuse, il est vrai, pour le maire Balardon; aussi n'en a-t-on pas tenu compte.

Il en a été de même d'une autre lettre de M. Vramant, architecte de Dreux.

J'ai, en outre, demandé à la Commission qu'elle veuille bien entendre le capitaine de gendarmerie et le commissaire de police, deux témoins principaux des actes de la municipalité : on ne les pas interrogés. Non plus M. Pujos, juge d'instruction, non plus M. Herlin, avoué et membre du conseil municipal, un républicain à la vérité. La Commission a avoué, du reste, (j'ai souligné son aveu dénué d'artifice,) qu'elle n'avait pu faire une enquête approfondie, qui aurait pris des proportions beaucoup trop considérable.

(2) Cette lettre est contenue dans le volume de l'enquête.

veaux, au moins des précisions de faits un peu échappés
à ma mémoire.

1° Je maintiens dans *son entier* la relation que j'ai
faite des événements de Dreux, avec cette addition,
c'est que le maire, M. Batardon, le 9 octobre matin'
dès l'arrivée des mobiles que j'avais mandés de
l'Aigle, parut vouloir me seconder dans mon projet
de défense ; mais que, dès le soir, il refusa formellement
des bons de vivres au campagnards qui accouraient à
notre secours, exténués et mourant de faim, et fit transporter de nouveau à Tréon deux charretées de fusils;

2° Le 8 octobre, vers onze heures du matin, je dé-
jeunais à l'Hôtel Gougis, lorsque je vis accourir plusieurs personnes qui firent irruption dans l'Hôtel. Aussitôt entrèrent dans mon cabinet le Capitaine de Gendarmerie et le Commissaire de Police, qui, remplis
d'émotion et de rage, s'écrièrent : « Nous sommes
» trahis, Monsieur le Sous-Préfet ; vos ordres n'ont pas
» été exécutés pas le Commandant de la Garde Na-
» tionale qui est d'accord avec la municipalité pour
» ne pas se défendre. Les Prussiens sont à la porte de
» la ville, à deux pas de votre Sous-Préfecture, et le
» Maire, *seul* prévenu, parlemente en ce moment avec
» eux ; il vient d'accepter leurs demandes de réquisi-
» tions. Ce soir, Dreux sera au pouvoir de l'Ennemi! »

Je donnai l'ordre immédiat de sonner le tocsin et
battre la générale. Sur l'ordre contradictoire du maire,
le tambour de ville refusa de battre la générale. Je fis
donner l'alarme par nos clairons. Le corps de volontaires
qui m'était dévoué courut à la poursuite des cavaliers,
qui eurent un cheval tué et un des leurs fait prisonnier. J'appris que le soir, à l'heure promise par le
Maire aux Prussiens, les réquisitions pour 500 cavaliers étaient prêtes, mais l'Ennemi ne vint pas les cher

4.

cher. C'est ce soir-là que, pour la première fois, le Maire expédia deux charretées de fusils à Tréon (12 kilomètres de Dreux).

Donc, M. Batardon ne voulait pas se défendre, cela est surabondamment établi. Tous les documents amis ne prouveront pas le contraire. Autre fait:

La préfecture de Chartres m'ayant envoyé 4 barils de poudre, la Mairie refusa de leur donner asile dans l'arsenal, prétextant que cela pourrait être dangereux. Je fus obligé de les enfouir dans le jardin de la Sous-Préfecture, d'où on allait les retirer au fur et à mesure des besoins.

Après la navrante décision prise dans la nuit du 10 octobre, je suis parti pour Chartres, après avoir reçu avis de la préposée au télégraphe que ses instructions lui enjoignaient de se replier avec ses appareils et de couper les fils conducteurs en plusieurs endroits. J'ai pourtant, avant mon départ, ordonné à ladite préposée de transmettre au Préfet cette dernière dépêche: « Je pars pour Chartres, vous mettre au courant de la situation, vos réponses ne me satisfont aucunement. » M. Labiche, Préfet, a reçu cette dépêche, non signée de moi, vu le moment d'agitation où elle avait été dictée. Mon intention bien arrêtée était d'aller à Chartres chercher un renfort d'artillerie et un chef déterminé pour continuer la lutte le lendemain.

C'est M. Vingtain qui, à son retour de Dreux, nous a avoué que tout projet de résistance était inutile, que le Conseil municipal parlementait ave l'ennemi (1).

C'est à Chartres, dans le bureau du Préfet, que j'ai entendu raconter plaisamment le fait des notables de

_____

(1). Voir plus loin la lettre des capitaines Fleury et Tétart, confirmant le dire de M. Vingtain, par lui nié.

Dreux courant après les Prussiens pour prendre avec eux des arrangements, et obligés de rentrer en ville sans avoir pu les rencontrer.

A ces faits j'ajoute, sans m'en faire gloire bien entendu, que, en apprenant que, les 8 et 9 octobre au soir, les fusils et munitions avaient été transportés au loin par ordre du Maire, la population désireuse de se défendre s'est ameutée contre M. Batardon, et lui aurait peut-être fait un mauvais parti sans mon intervention, dont m'a remercié M. le Maire, tremblant et pâle comme un mort (1).

Même fait est advenu à M. de Coynard, Commandant de la Garde nationale, qui, à l'approche de l'ennemi, s'est bien malheureusement déclaré malade et se rendant en voiture et tout emmailloté sur la place, où je haranguais la foule, a été accueilli par des huées et des menaces, que j'ai, Dieu merci ! détournées.

Je compte, monsieur le Président, sur la parole que vous m'avez donnée de faire figurer dans ma déposition les faits que je vous adresserais ultérieurement, et je vous prie d'agréer mes hommages respectueux.

ALFRED SIRVEN.

(1) M. Batardon ne paraît pas se souvenir de cet incident. C'est tout naturel Je vais le lui préciser. Poursuivi par les huées de la population, il courut dans mon cabinet. • Voyez, M. le Sous-Préfet, me dit-il, quel tort vous avez eu d'armer tous ces gens-là. • A ce moment un bruit strident retentit : • entendez-vous, ajoute le maire livide et tremblant, entendez-vous ces coups de feu ?... l'émeute commence !... • — Mais non, M. le Maire, rassurez-vous, fis-je en souriant, c'est le bruit de la grille que le concierge vient de fermer violemment.

MON ENQUÊTE

C'est par milliers que la commission d'enquête aurait pu recueillir dans le département d'Eure-et-Loir des témoignages sur la conduite comparée du sous-préfet et du maire de Dreux ; malheureusement, la commission le déclare elle-même, cela aurait pris beaucoup trop de temps, et puis le résultat n'aurait peut-être pas été des plus favorables à la réhabilitation du fonctionnaire municipal. En outre, que prouveraient les protestations des gens du peuple, de ces braves campagnards qui, pleins d'une patriotique ardeur, couraient à notre secours, et, altérés et affamés, recevaient cette réponse des hommes de la mairie : « Allez-vous-en ; nous n'avons que faire de vos fusils, de vos faulx, de vos crocs. Vous avez faim ? Eh bien, allez vous faire nourrir par celui qui vous a appelés. »

Il est évident que la commission ne pouvait, pour dresser le panégyrique du maire de Dreux, s'adresser à cette partie de la population. Elle s'en est tenue aux rapports de quelques gros bonnets de la localité qui, appelés à festoyer encore de longues années avec le sieur Batardon, se sont naturellement bien gardés de le desservir.

Il est pourtant certaines notabilités de Dreux qui auraient été enchantées de déposer devant la commission ; je les avais même désignées. Il est regrettable que M. de La Sicotière n'ait pas eu le temps de les interroger, car au nom de la loi ces témoins auraient parlé, et en mon nom ils ne le peuvent sans risquer leur situation.

On a femme et enfants, il faut vivre ! Et l'on est si vite révoqué sous le gouvernement de l'ordre moral !

J'ai reçu bien des lettres dans ce sens. En voici deux :

Cher monsieur Sirven,

Il m'est impossible de répondre à votre désir sans compromettre la petite place au soleil que je me suis faite après bien des fatigues et des ennuis. Que serait, du reste, ma voix au milieu de toutes celles qui s'élèvent ici pour rendre hommage à votre zèle et à votre patriotisme pendant les tristes jours que vous avez passés à Dreux.

Avec mes regrets, recevez, etc.

X...

Monsieur Sirven,

J'aurais été heureux que la commission d'enquête m'eût fait appeler. Devant elle j'aurais dit sur la municipalité de Dreux tout ce dont j'ai été témoin. Ma position m'empêche de déposer devant vous. Je le regrette, mais soyez persuadé que, entre vous et le maire de Dreux, les gens de cœur ne balancent pas.

Croyez, Monsieur, à mes sentiments dévoués.

Z...

Tous, Dieu merci, n'ont pas eu tant de ménagements à garder. Parmi les nombreux témoignages qui me sont parvenus, pour la plupart avec une spontanéité touchante, je me vois forcé de ne citer que les suivants. Je publie ce livre *à mes frais,* moins heureux que M. de la Sicotière qui a eu à sa disposition, pour publier son rapport, l'imprimerie Nationale et les papeteries de l'État.

Témoignage de M. Pujos, ancien juge d'instruction à Dreux, juge au tribunal civil d'Épernay.

M. Pujos, qui m'a fait l'honneur de venir m'apporter son témoignage, a été fort surpris de n'avoir pas été interrogé par la commission d'enquête, lui qui a été l'un de mes plus fidèles et ardents collaborateurs dans l'organisation de la défense et qui souvent, dans les moments difficiles, a servi de médiateur entre la sous-préfecture et la mairie.

Cet honorable magistrat, aujourd'hui juge au tribunal d'Épernay, dément absolument le mot que lui prête M. de Coynard dans la séance de nuit du 11 octobre: « M. le sous-préfet n'a plus la tête à lui. »

En outre, et après avoir pris connaissance de ma déposition et de mes lettres additionnelles, M. Pujos m'autorise à déclarer que tous les faits que j'avance et dont il a été le témoin oculaire, sont de la plus rigoureuse exactitude.

*Témoignage de M. Mignotte, ancien capitaine de gen-
darmerie et commandant de place à Dreux, commandant de gendarmerie à Perpignan.*

Perpignan, 23 septembre 1873.

MON CHER MONSIEUR SIRVEN,

Je lirai sans doute avec satisfaction votre livre sur
les affaires de Dreux, car j'espère y trouver un récit
plus véridique que tout ceux qui en ont été faits, no-
tamment par MM. de Coynard et Batardon. Ces deux
messieurs n'ont écrit que pour le bien de leur cause.

Le premier s'est bien gardé de dire qu'il me con-
seillait de rendre le premier prisonnier prussien qui
m'a été amené le 26 septembre et qui était réclamé
par le général allemand commandant à Rambouillet ;
il s'est bien gardé encore de rapporter la réponse que
je dus lui faire à ce sujet. Le second ne parle nulle
part de la scène ridicule qu'il me fit à l'hôpital où
j'étais allé interroger mon prisonnier.

M. Batardon, dans sa pétition à l'Assemblée nationale, me consacre un alinéa d'une fausseté inouïe, en
parlant de mon apparition à cheval sur la place de
l'arsenal le 8 octobre. *Il m'invita à le suivre*, dit-il,
pour aller reconnaître la position de l'ennemi. AU CON-
TRAIRE, IL VOULAIT M'EMPÊCHER DE MARCHER EN AVANT,
ET COMME JE NE TINS PAS COMPTE DE SES INJONCTIONS, IL
ME MENAÇA EN CRIANT QU'IL ME RENDRAIT RESPONSABLE
DES DÉSASTRES QUE J'ALLAIS ATTIRER SUR LA VILLE.

Vous avez été sévèrement critiqué, mon cher monsieur ! Cependant vous avez fait, dans la mesure de
votre compétence, de grands efforts pour la défense
locale de Dreux, et il est bien certain que sans l'élan

que vous avez donné à la population et sans l'ardeur que vous avez mise à organiser trois compagnies de francs-tireurs (et cela malgré les entraves du maire, fort mal conseillé par le commandant de la garde nationale), la ville de Dreux aurait été occupée dès le 8 octobre.

M. Batardon n'a-t-il pas l'impudence de s'attribuer le succès de la résistance, lorsque cette résistance a été faite contre son gré !

Recevez, mon cher monsieur, l'assurance de mes sentiments affectueux,

MIGNOTTE,

commandant de gendarmerie à Perpignan.

Témoignage de M. Legoux, membre du conseil général d'Eure-et-Loir, ancien membre du comité de défense.

Brezolles, 13 septembre 1873.

Mon cher monsieur Sirven,

Je viens de voir M. Lunot, père du brave Lunot, mort au service de la défense, qui m'engage à vous adresser les renseignements que je peux avoir, parce qu'il paraît que les autorités municipales de Dreux vous cherchent à nouveau des querelles sur votre gestion pendant votre administration, en incriminant surtout l'énergie que vous avez déployée pour la défense de la ville. Voici quelques détails qui pourront rappeler vos souvenirs.

M. le capitaine commandant des mobiles de l'Orne, compagnie de Domfront, rentrait à Brezolles, avec ses hommes, le matin du 11 octobre vers onze heures, exténués de fatigue, de faim et très-mécontents de la manière dont on les avait fait quitter Dreux vers une heure du matin, en leur annonçant que la ville était aux Prussiens.

J'ai déjeuné avec cet officier et le sergent qui commandait l'avant-garde. Ces messieurs nous ont dit que la veille, vers cinq heures du soir, au moment où ils se disposaient à déboucher sur les derrières de l'ennemi, ils avaient reçu l'ordre de se replier. Ils sont restés sur la ligne du chemin de fer, SANS VIVRES, BIEN QU'ILS AIENT VU PASSER DEUX VOITURES DE PAIN DESTINÉES, ONT-ILS PENSÉ AVEC UNE CERTAINE LOGIQUE, A D'AUTRES QU'A DES FRANÇAIS. Cette manœuvre des mobiles de Domfront, que rien ne justifiait à pareille heure, a été parfaitement vue, du reste, par M. D'Herbometz, adjoint au maire de Brezolles, en ce moment en observation près de la chapelle.

Le matin, vers six heures, le capitaine Carpe, en se retirant de Dreux avec quelques-uns de ses hommes, avait reçu de la municipalité l'ordre de partir, sous le prétexte que la ville était aux Prussiens.

Le matin du 10, à Verneuil, sur l'invitation du maire, la garde nationale avait répondu en presque totalité à son appel et s'empressait de marcher, environ sept à huit cents hommes, à la défense de Dreux. Montés en wagon à sept heures du matin, l'ordre de départ ne fut donné qu'à onze heures. ARRIVÉS A DREUX, IL LEUR FUT REFUSÉ DU PAIN ET LA MUNICIPALITÉ LEUR FUT PEU PATERNELLE. Au reste, les renseignements sur ce point sont à votre disposition ; s'il en est besoin, mon frère, maire de Verneuil, vous les transmettra.

Suivant vos instructions, de mon côté, je travaillais à l'établissement des deux pièces de canon que possédait notre commune, je faisais fondre des balles afin de confectionner des cartouches. Y avait-il trahison,

et commençait-elle comme beaucoup l'ont cru, déjà à
ce moment? je l'ignore! Dreux était un point impor-
tant et que les Prussiens devaient convoiter.

M. Batardon, vous le savez sans doute, a fait arrrêter,
la veille de votre arrivée à Dreux, M. Herlin, avoué,
dont le crime était de prêcher la défense ; il a menacé
la foule, furieuse de cet acte arbitraire, de faire tirer
sur elle, et a escorté lui-même M. Herlin jusqu'à la
prison.

L'un des membres de la défense pour le canton de
Brezolles, je n'ai jamais rencontré en vous qu'un
fonctionnaire et un citoyen ayant l'intention bien
arrêtée de défendre notre contrée contre l'invasion,
et l'ayant défendue en dépit des lâches ou des traîtres.

Bien à vous, mon cher monsieur Sirven.

LEGOUX,

Membre du conseil général d'Eure-et-Loir,
y représentant le canton de Brezolles.

*Témoignage de MM. Fleury, chevalier de la Légion d'hon-
neur et Tétart, médaillé militaire, ex-capitaines aux
francs-tireurs de la Sarthe, chargés de l'arrestation
du Maire de Dreux.*

Paris, le 7 octobre 1873.

Monsieur,

Nous venons de lire dans le journal Officiel du
10 août dernier (N° 218), l'extrait du rapport d'enquête sur les actes du gouvernement de la défense
nationale relatifs à l'affaire de Dreux ; et c'est avec un
profond regret que, sur certains points, nous en avons
oustaté la complète inexactitude.

Votre personnalité se trouvant attaquée en terme assez vifs dans ce rapport, l'équité nous fait un devoir de rectifier dans l'intérêt général les faits y exposés.

Ne nous étant trouvés mêlés aux événements dont il s'agit que le 10 octobre (1870), nous ne saurions émettre aucune opinion sur les faits antérieurs, mais nous pouvons préciser ceux qui se sont accomplis postérieurement.

Dans la nuit du 10, à la suite des bruits alarmants qui circulaient de toutes parts, le bataillon des Francs-Tireurs de la Sarthe (commandant de Foudras), reçut de M. le préfet de Chartres l'ordre de se porter en toute vitesse au secours de Dreux, sur le point de tomber au pouvoir de l'ennemi.

En exécution de cet ordre, nous étions le 11 à 3 heures du matin au Péage d'où, après quelques instants de repos, nous devions continuer notre route vers le point menacé. Là se produisirent des incidents sérieux dont ne tient aucun compte l'enquête.

Forcé de quitter votre sous-préfecture pour des raisons qu'il ne nous appartient pas d'apprécier ici, vous arriviez au Péage à peu près en même temps que nous ; c'est alors que vous nous fîtes part de l'intention bien arrêtée de la municipalité de rendre la ville à l'ennemi sans aucune tentative de défense, reddition, disiez-vous, en voie d'exécution si non entièrement accomplie.

Sur cet avis, quelle devait être la décision de notre chef de corps? la prudence seule l'indique, attendre des renseignements plus précis.

Notre attente fut de courte durée ; un gendarme arrivant presqu'aussitôt, confirma, en partie du moins, votre dire, *et M. Vingtain accourant lui-même peu après suivi de plusieurs autres gendarmes, le confirma entièrement et nous engagea à rétrograder sur Chartres plutôt que de nous exposer à des dangers inutiles, dont le seul résultat, selon lui, serait de compromettre la situation.*

Ce conseil, quoique sage en apparence, était peu goûté du bataillon qui croyait devoir ne le suivre qu'après avoir constaté par une reconnaissance armée l'exactitude de ces faits.

Tel était aussi votre avis, et si cette mesure commandée par les exigences du service militaire ne prévalut pas, ce ne fut, nous n'hésitons pas à l'affirmer, que grâce aux déclarations réitérées des derniers venus.

Quant à vous, Monsieur, nous sommes heureux de constater qu'en cette pénible circonstance votre conduite fut ce qu'eut dû être celle de tout citoyen, et surtout de tout fonctionnaire public, digne et pleine de patriotisme. Nous ajouterons même que votre persistance à vous joindre à nous pour aller disputer Dreux à l'ennemi, nous autorise à croire que des raisons bien graves avaient seules pu vous décider à le quitter.

Peut-être aurait-on le droit de nier toute autorité à notre appréciation, si d'autres raisons n'étaient venues la confirmer, mais heureusement elle trouve sa consécration dans la sympathie presqu'unanime que vous aviez su inspirer à vos administrés, sympathie qu'il nous fut donné de constater le soir même, en allant opérer l'arrestation de M. Batardon.

Ici, se place un fait qui demande à être précisé pour laisser à qui elle incombe la responsabilité d'une mesure dictée, du reste, selon nous, par l'opinion publique contre laquelle il eut peut-être été bien imprudent, en ces temps malheureux, de vouloir lutter.

N'ayant point qualité pour nous prononcer sur ce grave incident, nous nous contenterons de relater dans quelles conditions il s'est accompli.

Le 11, au soir, étant de retour à Chartres, M. de Foudras reçut l'ordre d'aller faire cette arrestation.

A cet effet, trouvant sage de s'adjoindre au moins deux de ses officiers, il nous designa pour l'accompagner.

Quelque désagréable que fut pour nous cette mission, nous ne pouvions nous y soustraire, mais vu sa gravité, nous crûmes devoir nous assurer de sa parfaite légalité en demandant à notre commandant communication de l'ordre de service en vertu duquel nous allions agir. M. de Foudras nous donna aussitôt connaissance de cet ordre qui lui enjoignait de se transporter immédiatement à Dreux pour y opérer l'arrestation du maire de cette ville, ainsi que celle des conseillers municipaux accusés d'avoir traité la reddition de la place sans l'autorisation supérieure. Comme il était parfaitement en règle et signé de M. E. Labiche, préfet d'Eure-et-Loir, nous n'eûmes plus qu'à nous renfermer dans sa stricte exécution.

Ainsi, il ne saurait subsister aucun doute ni sur l'existence de cet ordre, ni sur sa provenance : pourquoi n'a-t-on pu le retrouver?

La raison en est bien simple. A notre arrivée à Dreux ne pouvant nous permettre d'agir sans en avoir prévenu M. le commandant de la place, et sans avoir reçu de lui l'autorisation de disposer de la force armée, nous nous rendîmes aussitôt chez M. le colonel de Beaurepaire arrivé le jour même.

Après nous être concertés avec lui, cet officier supérieur s'empressa de mettre à notre disposition la force armée nécessaire. Ce seul fait suffisant pour caractériser son intervention, M. de Beaurepaire demanda que l'ordre dont M. de Foudras était porteur lui fut remis, de manière à mettre sa responsabilité à l'abri de toute attaque plus ou moins malveillante, sa position à Dreux étant très-délicate.

Notre commandant se voyant entièrement couvert par la parole de M. Labiche et par nos témoignages, crut pouvoir accéder à ce désir, et se dessaisit du dit ordre, qui sans doute s'est trouvé égaré ou anéanti, lors de la fin prématurée et tout à fait imprévue de M. de Beaurepaire.

Croyant avoir rectifié certaines allégations et comblé quelques lacunes, permettez-nous de vous répéter qu'en ce moment terrible, non-seulement la sympathie de Dreux vous était acquise, mais que de plus, votre conduite y recevait une approbation générale, laissant à la charge de vos adversaires la responsabilité des faits déplorables qui venaient de s'accomplir.

Recevez, Monsieur, l'assurance de notre parfaite considération,

G. TÉTART,
Ex-capitaine aux Francs-Tireurs de la Sarthe.

FLEURY,
Ex-capitaine aux Francs-Tireurs de la Sarthe.

A Monsieur Alfred Sirven, ancien Sous-Préfet de Dreux.

Bordeaux, 1er octobre 1873.

Mon cher monsieur,

J'apprends par les journaux que vous allez publier une réponse au rapport fait par la Commission d'enquête sur les événements de Dreux en octobre 1870.

A cette époque, j'ai été chargé avec ma compagnie

de former l'avant-garde (ordre du commandant de la place, quartier de Maintenon), pour éclairer les mobiles de Lot-et-Garonne. Avant d'arriver à Dreux, on vint nous dire, de la part de M. le Maire, que la ville s'était rendue et qu'il refusait d'y laisser entrer nos troupes.

D'après les renseignements que nous avions et l'impression produite dans le moment, je puis vous affirmer que la population était indignée et outrée contre M. le maire qui avait voulu rendre la ville sans la défendre, malgré les efforts et le zèle pleins de patriotisme de M. le sous-préfet, qui voulait apporter une résistance énergique aux envahisseurs. Nous dûmes donc revenir sur Maintenon, sans pouvoir rendre aucun service. Nous étions cependant environs trois mille hommes déterminés.

Je crois devoir vous donner ces renseignements exacts et ajouter que la plupart des hommes se plaignaient amèrement de la conduite de M. le maire Batardon, qui avait refusé l'hospitalité et des vivres à nos mobiles et francs-tireurs.

Beaucoup d'officiers des mobiles de Lot-et-Garonne seraient à même de vous donner des détails bien plus précis sur cette honteuse affaire.

Agréez, je vous prie, Monsieur, mes salutations empressées.

CH. TAILLEURET,

Ex-capitaine des volontaires de l'armée de la Loire.
134, route de Toulouse, à Bordeaux.

A monsieur Alfred Sirven, ancien Sous-Préfet de Dreux.

Boissy, 1ᵉʳ septembre 1873.

Monsieur Sirven,

D'après ce que j'ai lu, ces messieurs de l'enquête cherchent à prouver que le fameux Batardon et son conseil ne vous ont pas desservi, au contraire, pendant que vous vous donniez tant de mal pour empêcher l'ennemi d'entrer chez nous. Oh! pour ça, c'est trop fort! Que ces messieurs aillent donc un peu dans les ateliers, dans les usines, dans les chaumières, et ils verront quel mépris on y a pour l'ancienne municipalité Bonapartiste de Dreux. Le Batardon voulait se défendre? mais c'est à mourir de rire. Voici un fait que je tiens de mon pauvre fils, tué depuis en combattant.

Dans la nuit du 10 octobre, voulant tenter un suprême effort, vous aviez chargé mon enfant d'aller ranimer les espérances et de recruter des citoyens résolus. Au moment où il haranguait la foule sur la place, immédiatement on s'empare de lui et on veut le faire passer pour espion prussien. Emmené à la mairie, on l'aurait conduit en prison, mais comme il se réclamait énergiquement de vous, force fût aux agents de la municipalité de vous le faire envoyer. Mon pauvre enfant qui avait la foi patriotique et qui se serait fait hâcher pour son Sous-Préfet était gênant pour ces gens là.

Allez, Monsieur Sirven, ils ont beau faire, nous travailleurs, nous savons que sans vous, le 8 octobre, quelques cavaliers auraient déshonoré nos foyers.

Vous êtes et vous avez toujours été l'ami du peuple,

aussi le peuple est avec vous. Puisse cela vous consoler des ennuis que vous causent tous les Batardons du monde.

Croyez, Monsieur Sirven, à mon dévouement pour la vie.

PIERRE LUNOT,
Cultivateur, à Boissy (Eure).

Témoignage du Docteur Combescure.

Voici un témoignage sur lequel je ne comptais certes pas, et qui m'est par cela même plus sensible.

Je le trouve dans la *République* de Montpellier du 1er Septembre 1873. J'envoie à cette vaillante feuille mes plus chaleureux remerciements et à M. le docteur Combescure mes plus cordiales sympathies.

« Nous recevons la lettre suivante, que nous nous empressons d'insérer :

Boulou, 29 août 1873.

Monsieur le rédacteur,

Je lis dans le numéro du 28 août de la *République* du Midi une lettre que M. Alfred Sirven, ex-sous-préfet du 4 septembre à Dreux, vient d'adresser à M. de la Sicotière, rapporteur de la commission d'enquête sur les actes du gouvernement de la défense nationale. A l'exemple de MM. Etienne Arago, Trochu, Dorian et de tant d'autres. M. Sirven proteste, avec toute l'énergie d'un honnête homme et d'un homme de cœur, contre des allégations calomnieuses dont il est l'objet dans le fameux rapport de la commission d'enquête, rapport dont les errata, involontaires certainement (ce rapport n'émane-t-il pas, en effet, d'hommes appartenant tous à la ligue des gens de bien !), exigeront bientôt autant de volumes que le rapport lui-même.

M. Sirven, que je n'ai eu l'honneur de voir qu'une seule fois et pendant une heure à peine, n'a certainement pas conservé de moi le plus léger souvenir. Je n'en considère pas moins comme un devoir de prêter à sa protestation l'appui de mon témoignage.

Je n'ai pas lu le raport de sa commission d'enquête, mais s'il est vrai que M. Sirven y est accusé, ainsi que cela paraît résulter de sa lettre, d'avoir, par faiblesse ou par manque de courage ou de patriotisme, déserté son poste à l'heure du danger, je crois pouvoir affirmer que cette accusation est fausse de tout point. J'affirme que si les autorités municipales et le commandant de la garde nationale avaient montré autant d'énergie et de résolution que le sous-préfet républicain et le capitaine de gendarmerie de Dreux, cette ville aurait peut-être, dans l'histoire de la guerre de 1870, une page aussi glorieuse que celle qu'a méritée l'héroïque ville de Châtaudun. Voici les faits que j'ai à citer à l'appui de mon affirmation :

Dans la soirée du 23 septembre 1870 (je n'ai pas sous les yeux la note qui me permettrait de fixer exactement la date de ce jour), je me trouvais à Dreux en compagnie de M. Jules Lévesque, avocat à la cour d'appel de Paris et fils d'un conseiller à la même cour. Tombés ensemble dans une embuscade prussienne, à côté d'un village appelé Maizières (arrondissement de Rambouillet), en cherchant à entrer dans Paris, et faits prisonniers, nous parvînmes à nous évader d'un village nommé Maule, pendant que les Prussiens attaquaient Mantes. Le lendemain, grâce au dévouement d'un brave ouvrier forgeron de Pontchartrain et de sa femme, nous réussîmes à franchir les lignes prussiennes et à échapper aux patrouilles de cavalerie qui parcouraient le pays, et nous entrâmes à Dreux vers cinq heures de l'après-midi. Je crus convenable de demander une audience aux autorités pour leur faire connaître la posion des corps ennemis les plus rapprochés. Je vis le sous-préfet, le maire, le capitaine de gendarmerie, le commandant de la garde nationale et un certain nombre de conseillers municipaux.

J'affirme que M. Alfred Sirven et le capitaine de gendarmerie voulaient à tout prix organiser la défense et résister jusqu'à la dernière extrémité ; que le Maire et le commandant de la garde nationale, au contraire, ne voulaient pas entendre parler de résistance, et étaient disposés à se soumettre à la première sommation de l'ennemi. Je n'oublierai jamais l'exaspération, le désespoir patriotique de ce brave capitaine, et l'ardeur de M. Sirven.

Je n'ai à apprécier ni la conduite des autorités municipales et du commandant de la garde nationale, ni les sentiments et les motifs qui les ont dirigés dans ces tristes circonstances, où beaucoup d'hommes, même braves, ont pu repousser toute idée de résistance, mais j'affirme que si, à Dreux, quelqu'un a reculé, ce n'a été ni M. Sirven, ni le capitaine de gendarmerie. J'affirme ces faits, parce que j'en ai été le témoin.

Recevez, monsieur le rédacteur, l'assurance de mes meilleurs sentiments,

Dr COMBESCURE,

Médecin de l'établissement de Boulou, ancien
Professeur de l'Université.

MORALITÉ DE CE DÉBAT.

Ici, M. Alfred Sirven, ancien fonctionnaire de la République, passe la plume à M. Alfred Sirven, publiciste, qui, après avoir murement réfléchi sur toute cette affaire, en tire le petit pronostic suivant :

Étant donné le gouvernement de L'ORDRE MORAL :

M. Batardon, ancien maire officiel de l'Empire, flétri et cassé par le gouvernement de Tours, en octobre 1870, pour n'avoir pas fait son devoir en présence de l'ennemi, sera réhabilité, en janvier 1874, époque des étrennes, pour avoir sagement agi en ne faisant pas son devoir.

Et, en conséquence de ce :

Le dit Batardon redeviendra Maire de Dreux, pour la plus grande gloire de cette ville.

Le dit Batardon sera réélu membre du conseil général d'Eure-et-Loir, pour le plus grand bonheur des repus de la Beauce.

Enfin, et comme couronnement d'une existence si chevaleresque, le dit Batardon sera fait Chevalier de la Légion d'honneur, — toujours en janvier 1874, époque des étrennes.

Donc, disons avec Pangloss : Tout est pour le mieux dans le meilleur des mondes possibles.

FIN

POISSY. — TYP. S. LEJAY ET Cie

www.ingramcontent.com/pod-product-compliance
Lightning Source LLC
Chambersburg PA
CBHW070904280326
41934CB00008B/1579